中南财经政法大学出版基金资助出版

中南财经政法大学
青 年 学 术 文 库

地理距离与公司治理

——基于独董薪酬、在职消费和慈善捐赠三个视角的研究

陈旋　著

WUHAN UNIVERSITY PRESS
武汉大学出版社

图书在版编目(CIP)数据

地理距离与公司治理：基于独董薪酬、在职消费和慈善捐赠三个视角的研究/陈旋著．—武汉：武汉大学出版社，2021.6(2022.4 重印)
中南财经政法大学青年学术文库
ISBN 978-7-307-21998-4

Ⅰ.地…　Ⅱ.陈…　Ⅲ.公司—企业管理—研究　Ⅳ.F276.6

中国版本图书馆 CIP 数据核字(2020)第 239577 号

责任编辑：林　莉　喻　叶　　责任校对：汪欣怡　　版式设计：马　佳

出版发行：**武汉大学出版社**　(430072　武昌　珞珈山)
(电子邮箱：cbs22@whu.edu.cn　网址：www.wdp.com.cn)
印刷：武汉邮科印务有限公司
开本：720×1000　1/16　印张：13.25　字数：190 千字　插页：2
版次：2021 年 6 月第 1 版　　2022 年 4 月第 2 次印刷
ISBN 978-7-307-21998-4　　定价：45.00 元

序

自20世纪90年代以来，财务学终于跳出经济学的桎梏，开始跨入法学、心理学、政治学、社会学、媒体、文化等其他学科领域，这些领域无论在理论框架、研究思维或者分析方法上都让财务学领域的学者醍醐灌顶，给财务学研究带来了天翻地覆的变化，从而掀起了一股跨学科的研究浪潮。它让财务学在理论建设上更加丰富且富有意义，在问题解释上更加深入和全面，在实际应用上也更具有实践价值。地理学介于自然科学和人文科学领域之间，也是这股跨学科研究浪潮中，财务学家致力于探索的领域之一。万千世界，概括而言，就是时间和空间的相互联系，时间是历史长河，空间是地理位置。赫特纳在其名著《地理学》里指出："要完全理解现在，永远只有从历史出发才有可能。"他同时还指出："地理学和人类一般历史的联系，比之和其他大多数科学部门更要明显一些。"纵观世界历史，先是腓尼基人，接着是希腊人，他们先后发现了地中海；从亚历山大远征小亚西亚地区，到罗马帝国，最终将地中海纳为帝国的内海。在东方，匈奴、突厥和蒙古民族对中亚地区的侵占，之后是基督教发动的十字军东征，从陆路上将欧亚两大洲联系了起来。之后，葡萄牙人对东印度航路的开拓和哥伦布对西印度群岛和美洲大陆的发现，从海路上开辟了欧洲到东方的新路线。比及工业化蒸汽机时期，英国殖民主义者对世界的最后征服，这些人类世界历史上至为重要的历史事件，无一不是地理发现的重要结果。当然，赫特纳同时还指出："地理学史却不应该单纯地叙述事实，它必须从各个民族和各个时代的动力和能力去理解各种发现的过程，并且也要重视它对事物的一般过程所产生的结果。"从这个意义上来说，陈旋博士的著作《地理距离与公司治理》力图从地理距离的视角，吸收了西方经济地理学的主要思想，将经济地理学与管理学的主要研究领域之一——公司治理结合起来，以经济地理中最直观的表现形式—地理距离—探究公司之间在地理上的相互联系对中国公司治理的影响，可以看作是财务学者在地理学研究领域的新颖尝试，也是对公司财务研究领域的有益补充。谢泼德和巴恩斯德的《经济地理学指南》一书详细列举了世纪之交英美经济地理学的主要研究领域，其中包括国家与管治、战略和文化、货币和金融，遗憾的是，他们在书中丝毫没有提及公司治理。因此，陈旋博士的这部著作也可以被看成是地理学与财务学这个研究领域里最早的一批研究成果。在《孤独与荣誉：哥伦布航海日记》里，作者提到"这些陆地(指西印度群岛)早在好几百年前就已经被发现了，可是，具体的地形和通往这里的航道却都被遗忘了，克里斯托弗·哥伦布只不过是在重新寻找这些岛屿而已。"我想，财务学研究也如同航海，很多事实和问题可能已经存在于现实经济中很多年了，但我们需要的是一批有勇气去发现它们的学者。

沈艺峰

2020 年 9 月 18 日

前言

以往公司治理领域的文献多基于委托代理理论和法与金融理论。近年来，法律制度外的研究视角渐渐被纳入学者的研究范围，从媒体、社会规范、文化以及税收等法律外方面的研究大大拓宽了已有的公司治理研究领域，对已有研究做了益的补充。然而，目前鲜有从经济地理学视角探索公司治理问题的研究，而经济地理学作为集结空间地理、社会、文化与经济学相互交叉的产物，其传统研究主题往往集中在社会经济客体的聚集和分散的相关问题上，因而经济地理学可以作为与公司财务相结合的研究，具有重要的意义。

我国地域广博，是展开经济地理学研究的良好对象。在我国，主流经济地理学比较强调与自然科学(特别是自然地理、环境科学和生态科学等)的交叉，而西方经济地理学倾向于将自己归属于社会科学，与经济学、社会学、管理学等的交叉。尽管经济地理学在很大程度上是“本土”科学，但也存在很强的与国际学术界接轨和交流的必要性。经济地理学中涉及企业微观层面的研究多集中在企业战略性生产经营布局(企业如何处理空间存在范围与空间依赖性之间的对立)、产业集群(经济活动的空间配置)以及工业区位等方面，目前为数不多的关于地理距离对公司财务行为影响的研究，也往往集中在其他机构(比如分析师、审计师和银行等）或投资者与公司之间的地理距离，分析由于两者之间的地理距离造成的信息不对称现象对公司某种财务行为的影响。较少见研究企业与企业之间的地理距离对公司财务行为的影响。

本书从地理距离的视角出发，在结合我国特殊的制度背景下，吸收了西方经济地理学的思想，将经济地理学与经济学、社会学和管理学结合起来，以经济地理中最直观的表现形式——地理距离——探究公司之间在地理上的相互联系对公司治理的影响，是对经济地理学研究领域的有益补充，也是拓展公司财务研究领域的一个新颖尝试。

纵然在新冠疫情肆虐全球的当下，在“后疫情”时代或许人与人的社会交往活动将会演变成更为频繁的线上交流而非线下的面对面交往，探究人与人的社会互动模式是否受到地理因素的影响、如何受到地理距离的影响，探究公司在制定涉及董事、高管和股东利益的决策时如何在传统的社会互动模式下受到地理因素的影响，仍然是值得思考的基础问题。

全书共分七章，各章主要内容如下。

第一章为导论，提出本书的研究问题，介绍本书的研究内容、思路、框架以及本书的主要贡献和创新之处；第二章为文献综述，首先就经济地理学在公司财务中的研究进展进行了回顾与整理，然后围绕外部独立董事薪酬、公司高管在职消费和公司慈善捐赠三个方面展开文献评述；第三章主要介绍我国外部独立董事、公司高管薪酬与公司社会责任三个方面的制度背景，并重点介绍我国的独立董事制度、有关国企高管的薪酬改革和我国企业的社会责任发展状况；第四章从地理距离入手，实证检验了我国外部独立董事薪酬的决定是否受到了一定地理距离范围内其他公司的影响；第五章重点探讨了我国公司高管在职消费在地理距离上的“互相攀比”效应，并结合2012年颁布的“八项规定”进行了政策冲击研究；第六章分析具有股东利益最大化之争的公司慈善捐赠，是否在我国受到了一定地理距离内其他公司慈善捐赠行为的影响，并实证检验了在重大自然灾害时这种影响的效力是否被削弱；第七章为全书的总结，得出了本书主要的研究结论、研究启示以及相关的政策建议，并指出了本研究中存在的不足之处和未来可以进一步研究的方向。

本书主要的研究结论如下：

第一，我国上市公司外部独立董事薪酬的决定存在向一定地理范围内、同行业里或一定规模上其他上市公司外部独立董事薪酬模仿的"互相看齐"效应，即出现向地理上的中间距离、同一或相关行业或中等规模公司看齐的现象。此外，对"看齐头羊"效应的检验结果同时表明，我国上市公司在外部独立董事薪酬的决定上也存在相互看齐，即"头羊"和"非头羊"会互相看齐，但"头羊"向"非头羊"看齐的现象大于"非头羊"向"头羊"看齐的现象，即出现向中间看齐的现象。

第二，我国上市公司高管在职消费的金额不论在国企还是民企中均存在向地理距离上同类型企业的"互相攀比"，肯定了由地理距离邻近导致的公司高管联系紧密的猜测。同时，本书还发现，公司高管在职消费还存在向中间规模看齐的"中庸之道"而非通常的"看齐头羊"。此外，本书还发现，2012 年颁布的"八项规定"不仅削弱了国企高管的在职消费，还抑制了国企高管在地理距离上的"互相攀比"。

第三，我国上市公司捐赠行为的可能性受到了一定地理距离内其他公司捐赠氛围的影响，同时，企业捐赠额的多少，也受到了一定地理距离内其他上市公司捐赠额的影响，而这种影响随着距离变远呈现先增强后减弱的趋势。在民企中，这种关系更为强烈；并且随着我国市场化改革进程的深入，这种受一定地理距离上其他公司捐赠行为影响的关系得到了强化。而另一方面，通过对汶川地震捐赠样本的对比分析，本书发现在重大灾害时期，公司慈善捐赠行为受到地理距离邻近公司影响的这种关系却不复存在。

本书的主要贡献和创新之处体现在以下三个方面。

(1) 在选题上，本书选取了地理距离的视角研究地理因素在公司治理中的作用这个相对崭新的题目，并首次实证检验了我国公司存在地理距离上的"互相看齐"或"互相攀比"现象，为外部独立董事薪酬、公司高管在职消费和公司慈善捐赠的决定引入了崭新的视角。

（2）在理论上，本书一方面拓展了公司治理研究中的经济地理学视角；另一方面，也拓展了经济地理学的研究领域，本书所选取的外部独立董事薪酬、公司高管在职消费和公司慈善捐赠都是此前经济地理学的相关研究中未曾涉及的领域。

（3）在研究方法上，本书采用了以地理距离为半径画圈的新度量方式，突破了以往涉及地理区域研究时直接采用的行政区划法，具有更广泛的适用性，为后续研究提供了有益的借鉴。

本书的局限之处在于：

（1）本书试图以地理学思维探索影响经济微观层面的公司治理情况时，仅以地理距离粗略地捕捉人地关系和人与人之间的关系，而忽略了克服距离的难易程度，未来或可找寻更精巧的方法进行改进。

（2）随着时间的推移，公司财务行为受一定地理距离内其他公司影响的趋势将如何变化？本书对此并未深入探讨，而随着信息通讯技术的爆炸式发展，在我们研究的样本期间内，是否可能存在某一个时间点上的突变，而导致地理因素的作用被削弱，这或可成为未来的研究方向。

（3）本书仅探讨了地理距离对公司治理影响的第一步，并未深入探讨本书发现的这种地理距离上相互影响的现象，对于企业的绩效或者创新等方面，究竟是利还是弊，即未能探讨这种模仿或攀比现象的经济后果，而这也是今后我们需要研究的问题。

作　者

2020年9月

目　　录

"No man is an island,
Entire of itself.
Each is a piece of the continent,
A part of the main."
没有谁能像一座孤岛
在大海里独踞
每个人都像一块小小的泥土
连接成整个陆地

——英国诗人 John Donne(约翰·多恩)

第一章
导　论

源于希腊语的“地理”(Geography)一词，字面上的意思是记下或描写地球。而所谓的地理思维就是要看到整体的宏图，将不同的部分如何适当地组合在一起，而不只是局限于杂乱无章的琐碎内容，各种关系和联系的存在构成了地理思维。人与环境之间的联系、地方之间的联系、人和地方之间的联系，这些都是地理学的核心问题。汉森(2009)在强调人地关系时，除了突出关注人类与“自然环境”的相互作用，还十分注重离散地方之间的相互作用的本质和基础，即万千世界是相互联系的。而正是这种万千世界的相互联系，造就了空间组织的相互依赖，而这种地理区域间相互纽带和联系的思想，其影响力已经超越了地理学的范畴。

作为经济学和地理学结合的产物，经济地理学深受国际贸易理论的影响，其传统主题集中讨论三个问题：何事在何处？为什么？怎么样？具体而言，就是众多社会经济客体在空间中是集聚还是分散？集聚或分散是如何产生的？集聚或分散的程度受到哪些因素影响？在克拉克、费尔德曼和格特勒(2005)主编的《牛津经济地理学手册》中，集结了20世纪90年代以来几十位著名的地理学家和经济学家就“新经济地理学”的前沿议题，包括全球经济一体化、公司战略与区位、创新的地理、地方性与差异、全球变革等研究议题。尽管拓展了经济地理学的研究范畴与科学意义，也专门有篇章从公司的角度探讨企业结构、战略与区位问题，但不论是战略集群、全球化的战略布局抑或零售业的全球物流体系，经济地理学对于微观企业行为的研究仍局限在企业战略的研究思路，缺乏对于微观公司财务行为，特别是公司治理方面的探讨。

而始于 Berle-Means 命题的公司治理，其相关研究都基于现代公司治理理论的核心问题——代理问题(Jensen and Meckling，1976)的框架。为了缓解股东与管理者之间的代理问题，其后的研究大都从如何完善公司治理机制展开论证，包括从内部完善董事会和大股东对管理者的监督与激励，调节管理者和董事的持股比例，在外部建立更加有效的控制权市场、经理人市场、产品市场和要素市场等(Jensen and Ruback，1983；Shleifer and Vishny，1986；Morck，Shleifer and Vishny，1988；Weisbach，1988；Jensen and Murphy，1990；Karuna，2007)。广义地讲，公司治理是有关公司控制权和剩余索取权分配的一整套法律、文化和制度性安排(张维迎，2005)，但即使在 La Porta、Lopez-de-Silanes、Shleifer 和 Vishny(1998，2000，2002)“法与金融”理论的系列论文之后，从法律外结合文化、社会制度等相关背景对公司治理问题进行的研究仍然是少数，而社会、文化以及地理等因素究竟是否会对公司治理产生影响，如何产生影响却是值得深入探究的问题。中国地域宽广，不仅各地区自然地理条件具有较大不同，而且社会历史文化上也有显著的差异，所以中国上市公司是理想上述问题的研究对象。

第一节 研究问题的提出

经济地理学是研究生产力的地域组合(空间结合)和地理(空间)分布规律的学科。其研究领域广泛，主要探讨国民经济各部门(农业、工业、交通运输业、商业、旅游等)的地理配置(空间分布和结合)问题以及人口分布、城市布局、经济区划与区域规划等问题，是涉及自然科学、经济科学和技术科学三大研究领域的边缘性学科，是地理科学的一个重要分支(张维邦，1985)。经济地理学是地理科学的一个分支学科。地理学是一个涉及自然和社会两大领域的复杂的科学体系，这个科学体系由三大部分组成：自然地理学、人文地理学(包括经济地理学)、地志学(综合地理学)。

长期以来，经济地理学所关注的重点多是宏观和中观层面的经济行为，较少涉足企业等微观层面。历史上，经济地理学这个领域是围绕着国家经济的点状结构来发展的，无论是理论问题还是经验事实都反映出对最优和有效经济活动空间配置的关注(克拉克、费尔德曼和格特勒，2005)。克拉克、费尔德曼和格特勒(2005)认为，经济地理学的文化要素是重要的，文化和制度变量正在成为经济地理学最突出的特征，且不认为相对立的信息和语意系统(或治理系统和市场结构)可以在互相不渗透、交叉和竞争的状态下共同存在。以往一段时间，在经济地理学这个领域的思维变革和成长的驱动力之一是国家作为经济活动统治场所，但随着国际化的进程，企业与国家的关系已经迅速扩展到了全球市场，于是，在许多大企业的内部，地理层级主导着企业战略。所以在经济地理学领域结合企业的研究范围多集中在企业战略性生产经营布局(企业如何处理空间存在范围与空间依赖性之间的对立)、产业集群(经济活动的空间配置)以及工业区位等。Schoenberger(2000)甚至在强调时间和空间的过程管理是公司保持竞争优势必须做的战略工作时，将公司行为看作是充填空间的副产品，且仅仅是与产品、市场和生产过程相连的战略的副产品。

在我国，主流经济地理学比较强调与自然科学(特别是自然地理、环境科学、生态科学等)的交叉，而西方经济地理学倾向于将自己归属于社会科学，与经济学、社会学、管理学等的交叉比较多。尽管经济地理学在很大程度上是“本土”科学，但也存在很强的与国际学术界接轨和交流的必要性。本书一定程度上吸收了西方经济地理学的思想，将经济地理学与经济学、社会学和管理学方向交叉，以经济地理中最简单直白的表现形式——地理距离去探索地理因素对公司治理的影响。

本书在前人研究的基础上，将地理思维引入微观的企业层面，探讨地理距离对公司治理的影响。尽管伴随着电信革命而来的全球化大大降低了运输成本，不仅包括物质产品的运输成本，而且也包括信息跨越地理空间传播的成本。这的确可能削弱地理因素对企业间联系的影响，但与此同时，经济地理学家也指出，以隐性知识为基础的新思想创造却不能容易的跨越空间转移。构成信息的沟通和交换可以以零边际成本跨越地理空间，而构成隐性知识的沟通和交换在跨越地理空间的传播成本却异常的高(Audretsch and Clark，2000)。

以往有关地理距离对公司行为的影响，多集中在其他机构(比如分析师、审计师和银行等)或投资者与公司之间，分析由于地理距离造成的信息不对称，进而影响到公司的某种财务行为，较少见研究企业与企业之间的地理距离对公司财务行为的影响，特别是以非竞争(或非合作)关系的企业之间地理距离的研究就更为少见，为数不多的研究也是局限在母子公司或总部与工厂之间(Giroud，2013)。

空间和地理距离可以看成是贸易成本，空间和地理距离也可以看成是经济代理人之间的相互联系(网络)，例如在集群或产业区中，厂商、劳动力和各种机构之间常常发生着正规的或非正规的相互联系，他们相互影响、相互学习(约万诺维奇，2012)。地理距离作为捕捉地理空间上影响人与人、人与企业、企业与企业之间联系的直接方式，可以作为衡量以下指标的代理变量：信息不对称程度，信息信号作用的准确性，信息获取成本以及当地信息的可获取程度(Coval and Moskowitz，2001；Agarwal and Hauswald，2010；Ayers，Ramalingegowda，and Yeung，2011；Costello，2013)。因而，以地理距离为桥梁，探索企业和企业之间由于地理因素所导致的公司治理中某些行为的相互影响，是具有理论依据和现实意义的。

那么，公司与公司之间的地理距离可能会对哪些公司治理行为产生影响呢？已有研究表明，公司间的地理距离会通过引发嫉妒和攀比而导致公司间 CEO 薪酬存在一定距离内互相看齐的现象(Bouwan，2012)。那么，在公司治理的诸多利益相关者关系中，大股东、董事会、经理层的利益关系决定了企业的发展方向和业绩，在董事会、经理层和大股东这三个方面，是否也分别受到了公司间地理距离的影响？

对这些问题的回答不仅具有重要的理论贡献，也具有一定的政策含义。本书旨在研究企业间的地理距离是否对我国公司治理的某些行为产生了影响，并重点从以下三个方面展开相关研究：第一，在分别考虑了行业和规模因素的影响后，探讨了企业间的地理距离是否对我国外部独立董事薪酬产生影响；第二，企业间的地理距离是否对我国公司高管在职消费产生影响，并结合 2012 年颁布的“八项规定”等政策，分析这种影响是否会被政策所削弱；第三，企业间的地理距离是否对公司慈善捐赠产生了影响，并对比了普通时期和重大灾害时期的不同影响。

第二节 研究思路与研究框架

一、研究思路

在明确了研究问题后，为了在逻辑上形成系统的框架，从而更好地展开地理距离对公司治理影响的研究，本书选择从董事会、经理层和股东相关的三个层面结合我国的制度背景，按如下思路展开研究。

首先，从董事会的角度，选择与业绩相关度较低的外部独立董事薪酬与地理距离结合，探讨不同公司之间由于地理距离邻近而在制定外部独董董事薪酬时产生的联系。由于我国证监会对上市公司的外部独立董事占比已有明确规定，因而在研究我国外部独董董事的作用时，“花瓶说”不绝于耳。在此基础上，通过对外部独立董事薪酬的分析可知，我国上市公司支付给外部独立董事的薪酬呈现出高度的一致性，且已有研究表明独立董事的薪酬与绩效的相关性较弱(孙择蕤和朱晓妹，2005)，因而探讨我国外部独立董事的薪酬决定在无绩效考核的条件下是否受到了诸如地理距离等因素的影响，就显得尤为重要。

其次，从管理层的角度来看，本书选择了具有一定隐蔽性的高管在职消费问题，与地理距离结合，分析我国上市公司高管在职消费是否存在一定地理距离上的互相攀比或模仿的现象。如果地理距离所代表的通讯及交流难度对公司治理有影响，那么这种影响在诸如在职消费这样的私密信息交流中似乎最有可能得以体现。而 2012 年底政府颁布的“八项规定”直指国企及党政事业单位的在职消费等腐败浪费问题，对国企的在职消费产生了重创(梅洁，2015；梅洁和葛杨，2016；杨蓉，2016)，这又给本书提供了一个研究政策性变更是否会对前述作用机制发生影响的机会。

最后，从大股东的角度来看，本书选择了具有“股东利益最大化之争”的公司慈善捐赠作为研究角度，与地理距离结合，探讨公司慈善捐赠行为是否受到了一定地理距离上的互相影响。企业慈善捐赠在国内外的研究中，都发现具有典型的广告效应(Navarro，1988；Strahilevitz，1999；Brown，Helland，and Smith，2006；山立威、甘犁和郑涛，2008)，而企业一旦发生或已决定进行慈善捐赠，多唯恐天下人不知。这一点与在职消费的情况几乎是截然相反的，因而，对比研究公司慈善捐赠是否受到一定地理距离上其他公司的影响，更有助于理解公司之间相互影响的关系。此外，我国是一个灾害多发的国家，对比研究重大灾害情境下，公司慈善捐赠行为是否依然受到地理距离上其他公司的影响也具有一定的现实意义。

本书的研究具有内在的逻辑一致性，以相同的地理距离画圈的方法，探索公司治理的三个主要方面是否存在一定地理距离内公司间的相互影响。而本书所选的三种公司财务行为，也具有内在的一致性和代表性。独立董事作为董事会中的重要成员，其薪酬决定问题尽管已有学者关注，但以地理距离为切入点的"互相看齐"似乎才能透过现象看到本质；管理层的代理问题一直是困扰理论界的重要问题，而在职消费作为代理问题的表现形式之一，公司间在地理距离上的相互影响则为更深层次的理解代理问题提供了新的视角；具有"股东利益最大化"之争的公司慈善捐赠，依据公司章程不同，一般需要股东批准大额的捐赠决策，而地理距离上的公司之间的相互模仿，则可能是公司为了达到广告目的采取的最佳捐赠模式。此外，外部独立董事薪酬、公司高管在职消费和公司慈善捐赠三种财务行为的选择，还分别代表了企业自愿披露内部信息的中性意愿、最弱意愿和最强意愿，具有内在的逻辑一致性。图 1-1 对上述思路进行了更直观的描述。

二、研究框架

围绕研究主题，本书分为以下几个章节，各章节的内容如下：

第一章为导论，主要介绍本书的研究内容、研究思路、研究框架以及本书的贡献和创新之处；第二章为文献综述，首先就经济地理学在公司财务中的研究进展进行了回顾与整理，然后围绕外部独立董事薪酬、高管在职消费和公司慈善捐赠三个方面展开文献评述；第三章主要介绍我国外部独立董事、高管薪酬与公司社会责任三个方面的制度背景，并重点介绍我国的独立董事制度、有关国企高管的薪酬改革和我国企业的社会责任发展状况；第四章从地理距离入手，实证检验了我国外部独立董事薪酬的决定是否受到了一定地理距离范围内其他公司的影响；第五章重点探讨了我国

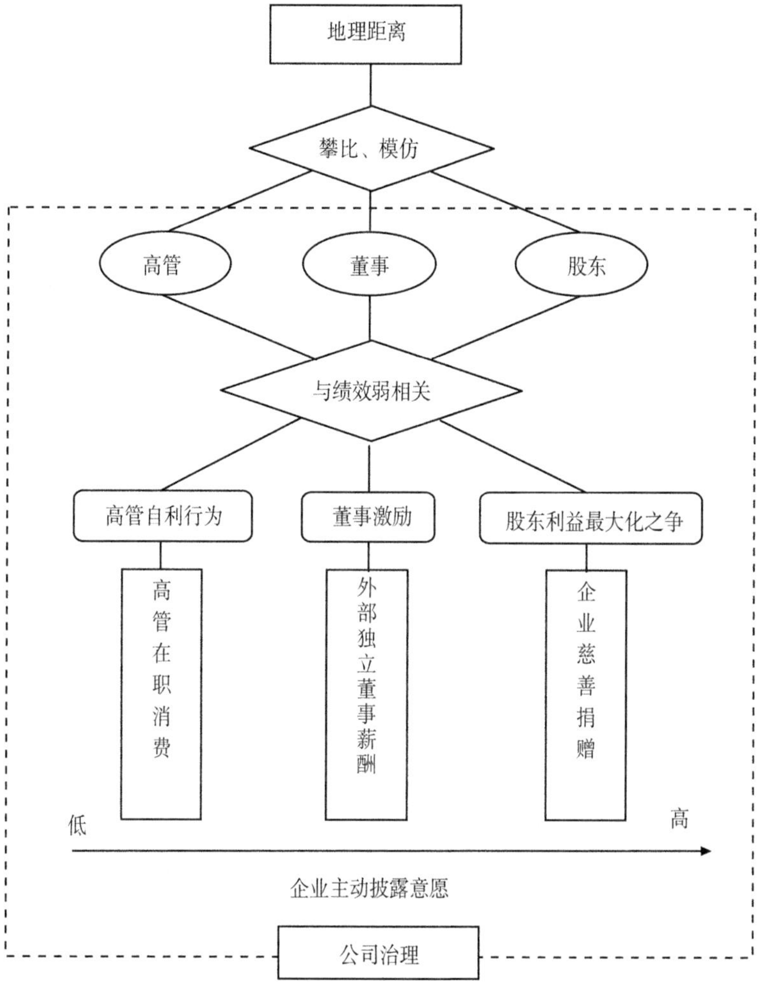

图 1-1　本书的研究思路

管理层在职消费的地理距离上的“互相攀比”效应，该章同时并结合了党的“八项规定”进行了政策冲击研究；第六章分析我国公司慈善捐赠是否受到了一定地理距离内其他公司慈善捐赠行为的影响，并实证检验了在重大自然灾害时这种影响的效力；第七章为全书的总结，得出了本书主要的研究结论、研究启示以及相关的政策建议，并指出了本研究中存在的不足之处和未来可以进一步研究的方向。

全书研究框架如图 1-2 所示。

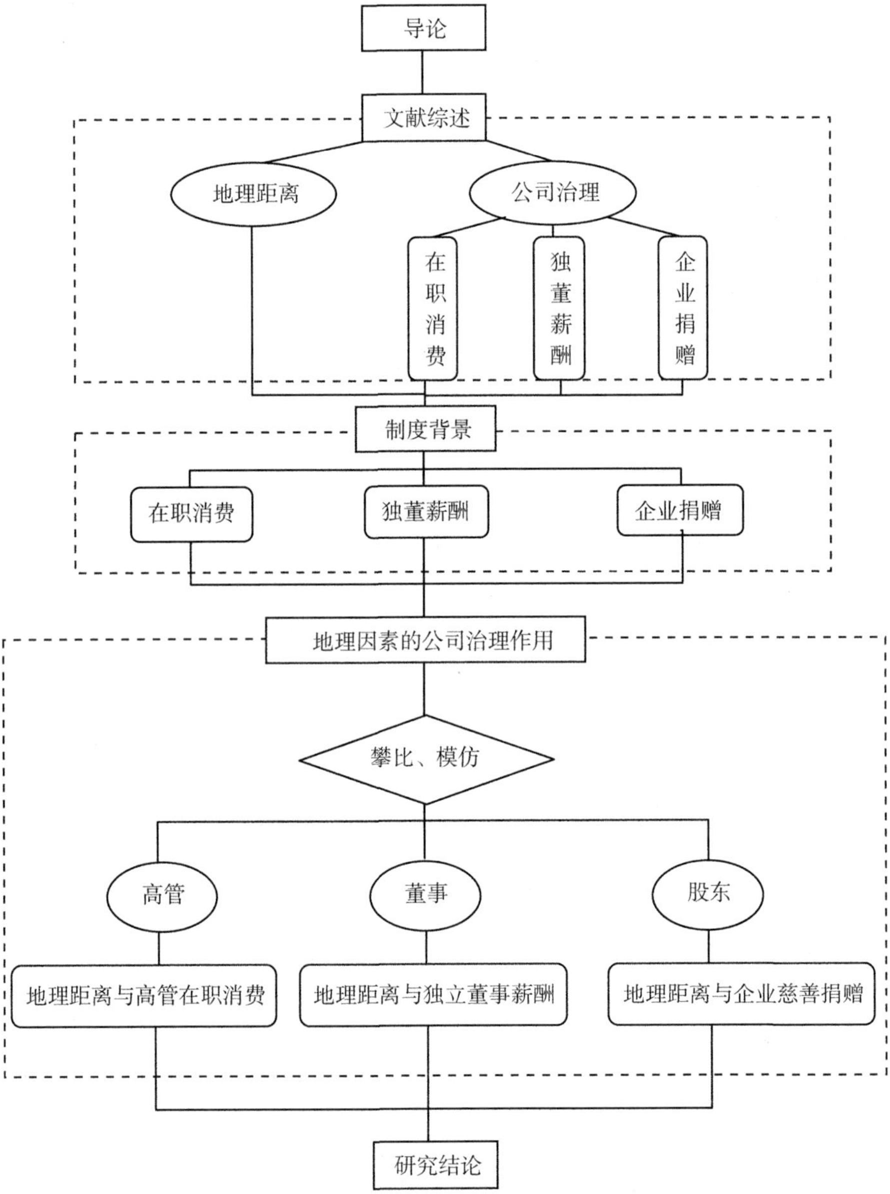

图 1-2 本书研究框架

第三节　研究贡献与创新

本书围绕我国公司治理在地理距离上相互联系的关系展开研究。在系统梳理经济地理学与公司治理的研究成果之后，从外部独立董事薪酬、公司高管在职消费和公司慈善捐赠三个方面实证检验了我国公司治理在地理距离上的相互影响作用。本书主要的贡献和创新之处表现在以下三个方面。

在选题上，本书选取了地理距离的视角，研究地理因素在公司治理中的作用这个相对崭新的题目，并首次实证检验了我国公司在地理距离上存在的"互相看齐""互相攀比"现象，为独立董事薪酬、高管在职消费和公司慈善捐赠的决定引入了崭新的研究视角。在以地理视角研究公司间财务行为的相互联系时，本书不仅考虑了地理因素，同时还考虑了我国传统文化的影响，从而在一定程度上展开了社会学和财务学的跨学科研究。通过选择从地理距离的角度来研究公司治理问题，本书为经济地理学和财务学的结合提供了崭新的切入点。

在理论上，本书一方面拓展了公司治理研究中的经济地理学视角，将地理距离造成的人与人、企业与企业之间的互动联系引入了公司治理范畴，在控制了其他影响因素的基础上证实了公司在地理距离的联系所发挥的作用，拓宽了公司治理的研究视角。另一方面，本书拓展了经济地理学的研究领域，以往的相关研究中较少涉及公司治理方面，而本书所结合的独立董事薪酬、高管在职消费和企业慈善捐赠都是此前经济地理学的相关研究中并未涉及的方面。特别是从公司自愿披露信息的意愿来看，在极强和极低的自愿披露意愿对比中，本书发现地理距离在不同的信息披露程度中都发挥出了作用，证明了地理距离不仅对公开信息有影响，还对企业的内部信息也有影响。

在研究方法上，本书采用了以地理距离为半径画圈的新度量方式，突破了以往涉及地理区域研究时直接采用的行政区划法，具有更广泛的适用性①。首先画圈的方式具有弹性，突破了行政区划的局限性，近从10千米远到500千米甚至更大画圈半径，几乎可以囊括所有的尺度——邻里、城市和区域——作为研究方式；其次，画圈的方式解决了行政区划中各个行政区划面积大小不一的问题，使得各个研究单元中的样本具有了更强的可比性，也使得分别位于同一行政区划南北（或东西）两极的样本具有了差异性，更贴近现实；最后，画圈的方式还解决了行政区划中对位于区划边界样本的一刀切问题，比如对于位于两省交界处的公司，画圈方式可以同时考虑两省的交互影响从而更贴近实际情况，为后续研究提供了有益的借鉴。

① 在研究本书所关注的问题时，使用行政区划未必科学，因为在我们这个由区域和区域构成的世界中，区域与区域的衔接处究竟是怎么的状态，却往往被忽略。而本书采用的以某个企业为圆心，以N千米为半径的画圈范式，则可以一定程度的解决这个问题，探索突破行政区划的地理影响因素。

第二章
文献综述

经济地理学是研究生产力的地域组合(空间结合)和地理(空间)分布规律的学科。其研究领域广泛，主要探讨国民经济各部门(农业、工业、交通运输业、商业、旅游等)的地理配置(空间分布和结合)以及人口分布、城市布局、经济区划与区域规划等问题，涉及自然科学、经济科学和技术科学三大研究领域的边缘性学科，是地理科学的一个重要分支(张维邦，1985)。

长期以来，经济地理学所关注的重点都是在宏观和中观层面的经济行为，较少涉足企业等微观层面。历史上，经济地理学这个领域是围绕着国家经济的点状结构来发展的，无论是理论问题还是经验事实都反映出对最优和有效经济活动空间配置的关注(克拉克、费尔德曼和格特勒，2005)。克拉克、费尔德曼和格特勒(2005)认为，在经济地理学的研究之中，文化要素是重要的，他们肯定了文化以及制度变量正在成为经济地理学突出的研究重点，且不认为相对立的信息和语意系统(或治理系统和市场结构)可以在互相不渗透、交叉和竞争的状态下共同存在。以往一段时间里，在经济地理学这个领域的思维变革和成长的驱动力之一是国家作为经济活动统治场所，但随着国际化的进程，企业与国家的关系已经迅速扩展到了全球市场，于是，在许多大企业的内部，地理层级主导着企业战略。所以，在经济地理学领域结合企业的研究范围多集中在企业战略性生产经营布局(企业如何处理空间存在范围与空间依赖性之间的对立)、产业集群(经济活动的空间配置)以及工业区位等。舍恩伯格(Schoenberger，2000)甚至在强调时间和空间的过程管理是公司保持竞争优势必须做的战略工作时，将公司行为看作是充填空间的副产品，且仅仅是与产品、市场和生产过程相连的战略的副产品。

人与环境之间的联系、地方之间的联系、人和地方之间的联系，这些都是地理学的核心问题(汉森，2009)。地理学在强调人地关系时，除了突出关注人类与“自然环境”的相互作用，还十分注重离散地方之间相互作用的本质和基础，即万千世界是相互联系的。因而在探讨经济地理学与公司治理的结合研究时，由地理距离造成的万千联系应该引起足够的重视。接下来，本书将分两个部分分别回顾经济地理学与公司财务的已有研究，以及有关公司治理的相关文献。

第一节 经济地理学与公司财务行为

在经济地理学与公司财务行为结合的相关研究中，多考虑由于地理距离造成的地理邻近性对公司财务行为的影响。地理近邻性(geographical proximity)，也称地域近邻性(territorial proximity)或本地近邻性(local proximity)，一般是指两个主体之间在运输和传播要素时面对的地理距离或相关组织的地理聚集，有时也简称为临近性(proximity)。Torre(2005)则将地理邻近性定义为“两个主体单位间的公里距离”。主体单位之间由于较近的地理距离可以为双方提供面对面直接互动以及交流的便利，因而，地理距离的临近性可便于组织间隐性知识的交流、信息沟通、顺畅的合作甚至创新活动的发展(李琳和韩宝龙，2009)。

空间地理科学的学者们早在19世纪便将地理近邻性作为研究的重点。在此基础上，地理因素如何对经济活动产生影响一直是经济学家研究的重要问题。20世纪初期，韦伯(1997)和勒施(1995)已指明，地理位置及其导致的运输成本可以对经济活动的空间分布产生影响，因而是企业利润的重要影响因素。空间地理科学在和经济学的结合更多的体现在贸易研究方面，例如经济学家Hasson和Tinbergen(1964)以及Pöyhönen(1963)从地理距离着手构造了贸易引力模型。他们认为，在该模型中两国间的贸易流量与两国的经济规模是递增关系，而贸易流量与两国间的地理距离的幂则是递减关系。贸易理论方面，McCallum(1995)在上述学者的研究基础上，控制了贸易双方经济规模和地理距离，发现了“边境效应”问题，即两国间的贸易量会比一个国家内部的两个不同区域间的贸易量小很多，这是市场分割理论的重要理论基础。

而Krugman(1991)重新考量了空间因素，构建了“新经济地理学”，从新的角度出发，统一了以空间经济中的新现象作为研究对象的学科(其中包括区域经济学、城市经济学等学科)。随后地理距离与企业创新逐渐成为研究的热点，Jaffe、Trajtenberg和Henderson(1993)的研究指出，知识溢出与地理距离有关。主体的地理距离越短，知识发生溢出的可能性越大，自此之后，大量的研究开始考察地理邻近性和知识溢出、企业创新的关系。地理近邻性才逐渐引起了经济地理学、创新经济学以及区域经济学等领域学者的关注，并逐渐成为这些领域的研究热点问题。Boschma(2005)梳理了地理近邻性与知识外溢关系的文献发现，组织机构之间的地理近邻性可以促进彼此间的交流学习，进而提高了创新能力；在他的研究中进一步指出，割裂来看的地理近邻性不能促进经济发展以及提高创新能力，而是需要在地理近邻的基础上，结合组织机构间相似的制度、文化、技术以及社会环境等因素后促使更有效的交互学习及交流，最终达到发展区域经济的目的。近年来，随着微观计量方法的发展和金融微观数据可得性的改善，越来越多的实证研究考察地理邻近因素对微观金融活动的影响。

地理距离作为捕捉地理空间上影响人与人、人与企业、企业与企业之间联系的直接方式，可以作为衡量以下指标的代理变量：信息不对称程度(Sufi，2007；Costello，2013)；信息信号作用的准确性(Ayers，Ramalingegowda，and Yeung，2011；Chhaochharia，Kumar，and Niessen-Ruenzi，2012)、信息获取成本(Lerner，1995；Coval and Moskowitz，2001；Butler，2008；Tian，2011)、当地信息的可获取程度(Coval and Moskowitz，2001；Agarwal and Hauswald，2010)。因而，以地理距离为桥梁，探索企业和企业之间由于地理因素所导致的公司治理中某些行为的相互影响，是具有理论依据和现实意义的。近年来大量研究将地理经济的概念引入到财务会计领域，并取得了不少有意义的研究进展。这些研究的关注重点一般集中于考察地理位置或距离与经济参与者行为的关系，如地理距离对企业融资的影响、地理因素与企业投资关系、地理位置对审计行为的影响、地理位置对股利政策影响以及地理因素对高管薪酬的影响等。这些研究一般基于以下两种逻辑：第一，地理距离邻近程度或地理位置影响了经济参与者的信息优势(information advantage)，他们可以以较小的成本获取私有信息(private information)，从而节省了交易成本；第二，地理距离的邻近使之交流沟通更便捷，存在“互相看齐”效应和“攀比”效应，做出相似的决策。

一、地理距离与企业融资

地理距离邻近性是银行决定是否放贷给借款者的重要因素，相关研究中涉及的地理距离主要采用贷款企业和银行，或者其他借贷双方之间的地理距离。例如，小型企业的贷款问题由于信息获取的高成本导致贷款成本高，因小型企业的信息获取是需要通过私人交流或者和其的关系而获得的“软信息”(Berger and Udell，2002；Petersen and Rajan，1994)，因而，地理距离不可避免的成为了影响“软信息”获取的一个重要因素。尽管Petersen和Rajan(2002)发现小型借款企业和放贷者之间的距离正变得越来越大，而这意味着两者间的私人交流正在减少，而远距离的借款公司对于放贷者来说也并不一定代表着优质的客户资源。但他们仍然肯定了地理距离邻近有助于银行获取小型企业信息并实施有效监督，因而其更容易从邻近银行获得贷款，肯定了交通成本以及信息沟通成本在借贷价格中所发挥的作用。此外，Sufi(2007)通过研究银团贷款，发现由于地理距离导致的信息不对称会影响贷款银行的安排，如果信息不对称情况严峻时，贷款银行更倾向于选择向地理距离接近或者曾经有过贷款往来的企业放贷，而当借款企业的声誉较高时，可以削弱这种情况但无法消除。Sufi(2007)的发现肯定了地理距离的借贷双方信息不对称情况的作用。

与 Sufi(2007)类似的研究还有 Knyazeva 和 Knyazeva(2012)，他们通过研究借款企业和银行之间的地理距离远近，证实了远距离的企业会给银行带来更大的监管成本和信息获取成本，而究其原因依旧是地理距离造成的“软信息”获取难度加大。当银行贷款给远距离的企业时，会要求签订提前条款或收取抵押。与之类似的研究还有 Hauswald 和 Marquez(2006)和 Agarwal 和 Hauswald(2010)。Hauswald 和 Marquez(2006)从银行竞争的角度研究了竞争环境对银行获取信息决策的影响。这篇文章以地理距离直接影响到银行获取借款企业信息的效率为基础，认为地理距离越近，获得更多的专有信息可以缓解激烈的市场竞争并增大市场份额。类似地，Agarwal 和 Hauswald(2010)研究了银企间的地理距离对贷款企业私有信息的影响。他们的研究是基于信息不对称理论，同样是以小型公司为研究对象，发现地理临近性会促进私有信息的获取，进而使得临近银行企业的利率提高。而 Degryse 和 Ongena(2005)尽管也是从银行竞争的角度分析地理距离导致的信息获取效率对借贷关系的影响，但却发现地理距离影响的是交通成本而非信息不对称。他们发现并证明了银行贷款存在的空间价格歧视(spatial price discrimination)现象，具体而言就是，贷款利率随借款银行和贷款公司的地理距离增大而减小，但随着贷款公司与竞争对手银行的距离增大而增大。

综合 Hauswald 和 Marquez(2006)、Degryse 和 Ongena(2005)以及 Agarwal 和 Hauswald(2010)的研究，不难发现他们在理论模型分析的基础上，发现银行获得的私有信息的质量是银企间地理距离的减函数。地理距离邻近一方面方便了私有信息的搜集(交通成本)，另一方面提高了私有信息的质量(信息不对称)。通过这两种作用机制，从而影响了企业获取贷款成功的概率和贷款价格，具体而言，银企的地理距离越近，就越易获得贷款，但贷款利率相对更高。此外，若企业和银行竞争者的地理距离越近，则越不易获得贷款，但其利率相对更低。

Hollander 和 Verriest(2016)在研究企业与银行之间的距离对企业贷款影响时发现，当企业向距离较远的银行申请借款时，其贷款合约的限制性契约条款会更多。他们通过考察地理距离与贷款合约制定之间的联系，证实了地理距离会导致银行和贷款企业之间的信息摩擦。

上述研究考察的都是地理距离邻近因素对外部资本市场的信息获取成本进而影响到贷款成本，目前也已有学者探讨企业集团内部的距离因素对贷款成本的影响。比如，钱雪松、金芳吉和杜立(2016)基于企业集团内部委托贷款数据，探索地理距离如何影响企业内部的经济活动，他们发现，借贷双方间的地理距离与企业内部贷款价格显著正相关，并且贷款公司面临的时间约束越宽松、互联网以及基础交通设施的发达和完善、借款公司的信息不确定性较小等因素会削弱地理距离对贷款利率的推高作用。上述研究中可发现地理距离不仅对外部资本市场的交易产生了影响，也对企业内部的经济交易产生了影响。而在地理距离对企业融资影响的相关研究中，大都基于地理距离造成的信息不对称现象，在此基础上探讨借贷双方的地理距离影响到企业的贷款成本。

二、地理距离与企业风险投资

除了企业融资方面，学者还发现地理距离对企业投资行为也发挥作用。国外方面，Coval 和 Moskowitz(2001)以投资基金为研究对象发现，基金经理更倾向于持有近距离企业的股票，由于对邻近企业享有信息和监督优势，投资地理距离临近的公司可以获得显著的超额回报。另有学者集中在风险投资领域，例如 Lerner(1995)以及 Tian(2011)的研究发现，地理距离邻近性影响了风险资本家对投资项目的监督，远距离风险投资项目不仅融资轮数增加，而且其经营绩效相对较差。而 Giroud(2013)则是利用航线开通这一外生事件，研究公司总部与工厂之间的地理距离对监督、生产和投资效率的影响。他们的研究发现新航线的引入通过降低总部与工厂间航行时间从而降低监督成本进而提高工厂投资和工厂生产率。

国内方面的研究多集中出现在近几年，也以研究风险资本对企业投资影响的居多(黄福广、彭涛和邵艳，2014；彭涛、黄福广和熊凌云，2015)。黄福广、彭涛和邵艳(2014)探讨了地理距离对风险资本投资的影响。他们的研究发现，风险资本与新公司的地理距离越近，则新公司获得的投资金额就越多，其投资时间也越早、投资后参与公司治理的可能性越低；企业规模可以减轻地理距离的负向影响，而公司规模则会削弱上述关系。彭涛、黄福广和熊凌云(2015)研究则发现，地理距离邻近对风险资本参与被投资企业公司治理有积极的作用，并且，与黄福广、彭涛和邵艳(2014)的发现类似，地理距离越近可以提升风投的投资金额。但他们同时也发现，公司治理对风投的投资金额有正面的影响，且两者间的地理距离越近，对风险资本参与被投资企业公司治理有积极的作用。

上述研究中有关地理距离的刻画，均为企业和风险投资之间，并未跳出投资和被投资对象的框架，而李彬(2015)和 Dougal、Parsons 和 Titman(2015)则分别以母子公司之间的地理距离和不同公司之间的距离来探讨企业的投资行为。李彬(2015)以母子公司之间的地理空间距离与制度环境距离度量母子公司分别在地理空间与制度环境的不同，而随着地理距离的增大，公司治理水平会降低并发生更多的过度投资行为，此外，母子公司间的地理距离与公司价值是负相关关系。而 Dougal、Parsons 和 Titman(2015)则研究了城市间不同公司投资行为的传染效应，他们利用美国上市公司 1970 年至 2009 年的数据，验证了上市公司投资率与同一地区不同行业其他公司投资率显著正相关，为地区企业集聚对公司成长影响提供了实证支持。他们的这篇文章是为数不多的研究公司之间的某种财务行为在地理邻近上的影响，但这篇文章仍然没有跳出行政区划的研究思维模式。

三、地理距离与股利分配

在地理距离与公司股利分配研究问题上，John、Knyazeva 和 Knyazeva(2011)认为地理位置对公司股利行为分配产生影响。他们认为与投资企业的距离越远，投资者面临的自由现金流量引致的代理成本越大。地理位置较远增加了股东监督管理层投资决策的成本，这产生了严重的自由现金流问题，为了缓解这一代理问题，地理位置较远的公司会支付更高的股利，也更依赖于常规的股利分配政策而不是股票回购等方式。蔡庆丰和江逸舟

(2013)以我国上市公司的数据为研究样本，验证地理距离与股利分配的关系。他们的研究发现，投资者更偏好地理距离较近的上市公司，这就造成地处人口密集的中心城市的上市公司面临更大的迎合投资者的收益需求的压力，因而支付更多的现金股利，但在自由现金流充裕的公司中上述现象则会被削弱，进一步肯定了自由现金流在股利支付政策中的作用。白雪莲、张俊瑞和刘彬(2015)从地理距离临近引致的信息优势视角出发，研究基金持股对于股利分配的影响。他们发现在成长性高、自由现金流水平低的企业中，非本地基金并未识别此类企业的特殊性，基金持股比例越高则股利支付水平也越高，一定程度上肯定了地理距离的临近对基金持股的治理效用。

在地理距离对股利分配影响的国内外相关文献中，表现出了公司为了迎合投资者的本地偏见(local bias 或者 home bias)而发生的股利支付行为，但大部分研究仍局限于地理距离引发的信息不对称而导致监督成本或信息优势，对地理空间中的万千对象彼此间存在依赖的考量仍局限在企业与利益相关者之间。

四、地理距离与分析师行为

在研究地理距离对公司财务行为影响的相关文献中，也有一批学者发现地理距离会对分析师的行为产生影响。相关研究始于国外学者，Malloy(2005)指出，在股票市场上股票分析师对邻近企业具有信息优势，考察了地理距离与证券分析师行为的关系。结果发现，地理邻近的分析师比其他分析师预测更准确，当分析师修改盈余预测时，股票价格也能立刻做出反映。这些结果表明，地理距离邻近让分析师拥有更多的信息优势，并能最终转化为更好的业绩。Loughran 和 Schultz(2005)研究发现，地处偏远地区的公司股票不太受到分析师和机构的关注，交易相对较少，证实了公司地理所在地对公司股票流动性的显著影响。Bae、Stulz 和 Tan(2008)在一项跨国研究中，也肯定了地理距离导致的信息优势因素对分析师预测的影响。他们发现本地分析师的优势十分明显，特别是在那些盈余平滑更多、公司信息披露少以及异质性信息解释回报率较小的国家中，这种优势就更为明显，而造成这种现象的可能的原因是本地分析师获取信息的渠道更多、能以更低的成本获取本地公司的信息，肯定了地理临近性的作用。

国内的相关研究中，王玉涛、陈晓和侯宇(2010)区分研究了地理邻近性和会计准则差异可能对分析师预测的影响。在利用会计准备变更这一事件后，他们发现在准则变更前，相较于国外分析师国内分析师的预测准度更高；而准则变更后，国内分析师优势明显变小，表明地理邻近性和会计准则差异对解释国内外分析的预测能力有着重要的解释作用。王菊仙、王玉涛和鲁桂华(2016)利用券商机构与上市公司注册地之间地理距离的远近衡量其对分析师预测行为的影响，他们发现地理临近可以使分析师获取更多的私有信息和更低的信息获取成本，因此，地理临近使得分析师的盈余预测的频率更高且预测精度更高，但上述情况会随着市场化进程的深入而被削弱。

有关地理因素对企业分析师行为影响的研究，对地理距离的刻画仍延续了公司和利益相关者——分析师之间地理距离的思路，理论基础仍局限在地理距离邻近造成的分析师和公司之间“软信息”的易得性，即信息优势方面。

五、地理距离与审计师行为

与分析师的研究相类似地，也有一批学者发现地理距离对审计师的行为会产生影响。DeFond、Francis 和 Hu(2011)研究发现，审计师和 SEC 的地理距离远近会影响到审计师的审计独立性。具体而言，当审计师和 SEC 的地理距离越远时，不论是来自四大审计师事务所还是非四大审计师事务所，其出具可持续经营报告的可能性更大，这表明地理距离的确影响了 SEC 的监管效率，因而对审计师的独立性产生了影响。同样考察 SEC 与审计师的地理距离，Kedia 和 Rajgopal(2011)的研究也发现 SEC 更愿意去调查地理临近的公司，而与 SEC 地理临近的公司由于预期到会被更多地调查，所以这类公司更少进行财务报告重述。在审计师和客户公司的地理距离方面，Choi、Kim、Qiu 和 Zang(2012)在以应计盈余质量作为审计质量的代理变量时发现，当审计师与客户公司的地理距离临近时，审计师的审计质量更高，即当地审计师能够提供更高质量的审计服务，但若客户公司的业务分布地区分部较多，则会削弱上述由于地理距离临近造成的关系。

国内方面，刘文军(2014a)以中国上市公司为样本的研究也有类似的发现，审计师与客户公司的地理距离对审计质量有正向的影响。具体而言，审计师与客户公司的地理距离越远，客户公司的操纵性应计利润越高，出具无保留审计意见的概率就越高，审计师的审计质量就越低。在将审计师事务所区分为总所和分所后的进一步研究则继续支持了上述结论。而裴红梅和杜兴强(2015)的研究同样表明了，审计师与客户公司的地理距离近邻可以提高审计质量，而监管强度则会削弱上述关系。在地理距离与审计收费方面，刘文军(2014b)研究了审计师的地理临近优势和审计溢价的关系，并检验了由于地理临近造成的审计收费差异问题。具体而言，审计师对地理距离较近的客户公司的审计定价显著高于偏远客户公司的定价，而造成上述现象的原因是因为审计师缺乏地理临近带来的审计优势；在市场竞争程度高、具有行业专长的审计师中，上述由于地理距离远近不同造成的定价偏差现象更为明显。

审计师是公司财务外部监督中的重要角色，作为广义上的利益相关者，审计师与被审计公司之间的地理距离也成为了近期学者研究的话题。与分析师的研究类似，地理距离对审计师的影响体现在地理距离邻近可以提高审计质量，降低审计成本，理论基础为信息不对称理论。

六、地理距离与其他公司财务行为

部分学者还将地理距离与公司财务中的其他行为结合，展开了多样化的研究。比如研究 IPO 成本问题(刘江会和朱敏，2015)、公司治理相关问题(Bouwman，2012；宋玉、沈吉和范敏虹，2012)、对冲基金(Teo，2009)以及会计错报(马晨、程茂勇、张俊瑞和曾振，2015)等。

在地理距离与 IPO 成本的研究方面上，刘江会和朱敏(2015)研究发现与中心城市地理距离越近的公司，其 IPO 的成本越低，肯定了由地理距离造成的信息不对称问题。他们进一步的探索发现是由于发行公司与 A 股市场投资者集聚地的远近以及市场化进程的地区性差异这两个因素造成了上述现象。

在公司治理的相关研究中，Bouwman(2012)从攀比的角度，研究了地理位置对公司高管薪酬的影响作用。研究结果表明公司的高管薪酬受到一定范围内其他公司的高管薪酬的影响。同时他还指出，之所以高管薪酬会受到地理位置因素的影响，并不完全是当地劳动力市场的竞争结果，反倒极有可能是处于同一行业、类似规模或地理位置相近的公司高管之间攀比的结果。宋玉、沈吉和范敏虹(2012)则探索了地理特征对机构投资者持股的影响。他们的研究表明，机构投资者倾向于更多地投资东部地区的上市公司。此外，机构投资者与上市公司间地理距离与机构投资者的持股比例呈负相关关系，进一步肯定了地理距离对信息获取及决策的影响。另有中国学者研究了地理距离对上市公司信息披露和机构持股关系的影响(张俊瑞、白雪莲和程茂勇，2015)，他们首先肯定了基金持股与上市公司信息披露质量的正相关关系，在此基础上引入投资基金和上市公司之间的地理距离，发现位于被投资公司地理距离较近的投资基金持股可以显著提升被投资公司的信息披露质量。

其他方面还包括，Teo(2009)探索了地理位置与对冲基金(hedge funds)绩效关系影响。他发现，对冲基金的业绩与距离以下两个地方的远近成负相关关系，注册地或研究部门，也即是与上述两个地点的地理距离越远，对冲基金的业绩越差。马晨、程茂勇、张俊瑞和曾振(2015)在 Kedia 和 Rajgopal(2011)的基础上，探究了中国上市公司与当地证监部门的地理距离对会计错报的影响。他们发现，两者间的地理距离越近，公司发生会计错报的概率就越低，而地理距离产生的这种影响受到了媒体环境的调节作用。

综合以上有关地理距离对公司财务行为的影响的相关研究，可以发现以下两点：第一，在国外学者进行大胆的尝试和开拓性的研究同时，国内的相关研究也在结合我国特殊的制度背景下逐渐发展中；第二，相关研究的框架多集中在企业与某一利益相关者之间，尝试发掘由于两者之间的地理距离和地理位置造成的信息不对称对公司行为造成的影响。甚少有学者去探讨公司和公司之间的地理距离所引发的公司财务行为之间的相互影响，而这是一个由于空间地理引发的万千联系中的关键问题。

第二节 公司治理相关文献评述

现代公司治理的研究最早可追溯到1776年斯密所著的《国民财富的性质和原因研究》，而以经验证据系统的对公司治理中的代理问题进行论证的则要追溯到1932年的Berle和Means的著作*Modern Corporation and Private Property*，也就是后来被Stigler和Friedland(1983)称为Berle-Means的命题。在以美国公司为研究背景的情况下，Berle和Means得出了所有权分散、所有权和控制权分离这两个主要结论，并认为当时的美国公司的所有权和控制权分离的状况已经十分严重，甚至出现了"管理者控制"的现象(沈艺峰，2005，2006)。Berle-Means命题的意义在于它清晰揭开了斯密笔下代理问题朦胧的面纱：在公众公司里，由于所有权和控制权的分离导致管理者控制的形成和管理者主义的产生，其结果是在股东与管理者之间形成一种委托代理关系(Rose，1973)。后续的相关研究基本都基于现代公司治理理论的核心问题——代理问题(Jensen and Meckling，1976)的框架。为了缓解股东与管理者之间的代理问题，其后的研究大都从如何完善公司治理机制展开论证，包括从内部完善董事会和大股东对管理者的监督与激励(Jensen and Murphy，1990；Shleifer and Vishny，1986；Hermalin and Weisbach，1998)、调节管理者和董事的持股比例(Morck，Shleifer and Vishny，1988)；在外部建立更加有效的控制权市场、经理人市场、产品市场和要素市场等(Jensen and Ruback，1983；Fama and Jensen，1983；Karuna，2007)。

Shleifer和Vishny(1997)指出，大股东倾向于独占由控制权所带来的全部私有收益。一方面，大股东可能利用自身在资本上的优势地位，享用控制权带来的直接利益；另一方面又对公司本身进行掠夺，从而把本来属于其他股东的利益全部或部分地转移到自己名下。正是由于这个原因，随着所有权的集中，大股东对中小投资者的剥削成为大股东治理的潜在成本。为了区别于股东与管理者之间的代理问题，Denis 和 McConnell(2003)将大股东与中小投资者之间的代理问题命名为“第二代公司治理问题”，而将股东与管理者之间的利益冲突称为“第一代公司治理问题”。

在 La Porta、Lopez-de-Silanes、Shleifer 和 Vishny(1998，2000，2002)“法与金融”理论的系列论文中，他们全面而系统地阐述了所有权结构、投资者法律保护与公司财务行为之间相互影响和相互作用的机制。“法与金融”理论得到的主要结论包含以下四个方面：①不同法系国家对投资者的法律保护不尽相同；②不同投资者法律保护下的国家具有不同的所有权结构；③在集中所有权结构下，存在大股东剥削中小投资者的代理问题；④大股东与中小投资者之间的代理问题会影响到一国资本市场的发育程度及公司的财务行为(沈艺峰，2005，2006)。

由于公司治理主要是由所有者(股东)、董事会和高级执行人员即高级经理人员三者组成的一种组织结构，其特点是通过股东大会、董事会、监事会及管理层所构成的公司治理结构的内部治理。广义地讲，公司治理是有关公司控制权和剩余索取权分配的一整套法律、文化和制度性安排，这些安排决定公司的目标，以及谁在什么状态下实施控制，如何控制，风险和收益如何在不同企业成员之间分配这样一些问题，而公司治理结构是企业所有权安排的具体化(张维迎，2005)。本书选择从公司治理的三个重要组织构成，即董事会、管理层和大股东相关的三个层面，分别选择了外部独立董事薪酬、高管在职消费和企业社会责任三个具体的角度进行文献回顾。

一、外部独立董事薪酬

对比分析国内外研究外部独立董事薪酬的文献，不难发现在以美国为代表的西方国家为样本的研究中，外部独立董事的劳动力市场是相对完善的，而我国的独立董事由于产生背景特殊，所以独立董事的劳动力市场尚不健全。美国的独立董事劳动力市场相对完善(Kaplan and Reishus，1990；李惠眉，2000)，他们的声誉机制作用得到了发挥。Fama(1980)认为在存在支撑股份企业的高度发育的外部市场条件下，外部董事受到他们的劳动力市场的约束，在这种市场上，外部董事的价格依照作为调停者(referees)的绩效而被确定。Kaplan 和 Reishus(1990)的研究与 Fama(1980)的结论一致，他们认为外部独立董事受雇的主要原因是其被公认的素质，而受雇于表现不佳公司的管理人员，一般都被公认为是低素质的董事候选人。他们的研究意味着美国劳动力市场具有洞悉外部董事人选的能力。李惠眉(2000)以兼并为契机，检验了美国企业董事会的劳动力市场，她发现美国的董事会劳动力市场是“良好运作”的市场而非“分隔运作”市场。在她看来，美国的劳动力市场是有长期的记忆力，它能甄别董事的素质，并施以赏罚，高素质董事的上佳表现会为他们带来新职位，而表现不佳的董事在离任后就不会再被聘用于其他公司。Yermack(2004)针对美国财富 500 强企业的 734 名独立董事的研究也发现，独立董事任职公司的绩效越好，其在外兼任董事职位的数量就越多。从以上证据中，我们可以看到在美国，独立董事的劳动力市场是相对成熟的，其声誉机制也得到充分的发挥。

而在我国，独立董事的劳动力市场还不健全(陈艳，2009)，独立董事的声誉机制并未得到有效发挥(罗进辉，2014)。我国独立董事产生的制度背景特殊。在我国不成熟的资本市场环境下，我国外部独立董事薪酬的定价也与国外独立董事的薪酬定价存在显著差别。另一方面，我国的独立董事制度的目标虽然详尽，但缺乏具体量化的考核标准(Clarke，2006)。陈艳(2009)的研究发现，我国独立董事的劳动力市场缺乏有效性，声誉激励只能够促使独立董事避开公开违规事件，却不能激励独立董事履行监督职责。罗进辉(2014)发现我国明星独立董事的薪酬绩效敏感性反而比非明星独董更弱，反映在中国特殊的制度背景下，独立董事的社会声誉机制并不能发挥有效的作用。于是 Fama 和 Jensen(1983)有关外部董事著名的“声誉假设”并不适用于我国外部独立董事的实际情况。

综合而言，在外部独立董事薪酬的“不完全市场”和“声誉机制”失效的这一背景下，目前国内已有研究通常认为以下几个方面对外部独立董事的薪酬具有显著的影响。

(一)外部独立董事个人特征

1. 外部独立董事背景

夏冬林和朱松(2005)虽重点研究了公司层面的特征对外部独立董事薪酬的影响，但在他们研究中，也肯定了外部独立董事的个人特征对薪酬的影响作用。他们以我国2001—2003年上市公司为样本研究发现，具有政府背景的外部独立董事有助于获得相对较高的薪酬，但具有法律背景的外部独立董事所获薪酬则与其背景负相关。另一方面，他们的研究也一定程度上肯定了独立董事声誉对薪酬的促进作用。具体而言，他们从认可度和影响力两个角度对独董的职业和职位打分，以两者的总分衡量外部独立董事的声誉，最终发现得分越高的独立董事其薪酬就越高。罗党论，徐璇和封煜(2007)将中国1993—2000年的外部独立董事薪酬制度分成了四个阶段，并分析对比了每个阶段外部独立董事薪酬变化情况，在以2001—2003年(第三阶段)聘用了外部独立董事的上市公司为研究样本的实证结果表明，中国外部独立董事薪酬与其声誉正相关，其中声誉的度量方式与夏冬林和朱松(2005)基本一致，因而得出了类似的结论，肯定了声誉有效论。但另有研究表明，中国的外部独立董事薪酬决定与声誉无关。罗进辉(2014)发现我国明星独立董事的薪酬绩效敏感性反而比非明星独董更弱，反映在中国特殊的制度背景下，独立董事的社会声誉机制并不能发挥有效的作用。

2. 外部独立董事年龄

夏冬林和朱松(2005)在研究影响中国外部独立董事薪酬的因素时，发现从分年龄阶段的描述性统计中并不能直观看出薪酬的变化趋势，但在其实证模型检验后发现了中国外部独立董事的薪酬与其年龄呈现出负向相关的关系。但杜胜利和张杰(2004)在以中国2002年上市公司为样本的研究却发现，中国外部独立董事的年龄与其薪酬的相关性并不明显(t 值仅为 0.886)，这一结果可能与其样本期过短有关。李洪(2008)虽然认为不同年龄阶段的外部独立董事薪酬的确具有差异，但其研究结果表明两者的相关性较低，他认为可能外部独立董事的年龄与薪酬是非线性的关系，但其研究与杜胜利和张杰(2004)一样都存在样本期过短、样本量偏小的问题，影响了其结论的可靠性。

(二)公司特征

1. 公司规模

一般而言，公司规模与其支付能力成正比，因而大规模的公司支付给其独立董事的薪酬就应该越高，这一点在国外的研究中已得到肯定。例如 Ertugrul 和 Hegde(2008)在研究董事持股对减轻代理问题的影响时发现，公司规模与独立董事薪酬正相关。而在以中国公司为对象的研究中，国内学者们也得出了公司规模与外部独立董事薪酬具有正相关关系的结论，即中国外部独立董事薪酬与公司总资产对数成正比(杜胜利和张杰，2004；夏冬林和朱松，2005；孙择蕤和朱晓妹，2005；罗党论、徐璇和封煜，2007)。

2. 公司治理水平

在国内研究中，大部分以第一大股东持股比例为公司治理水平代表的相关研究均发现，第一大股东持股比例与外部独立董事的薪酬负相关(杜胜利和张杰，2004；孙择蕤和朱晓妹，2005；罗党论、徐璇和封煜，2007)。但也有少数研究表明两者呈正相关关系(夏冬林和朱松，2005)。而夏冬林和朱松(2005)在发现第一大股东持股比例与外部独立董事薪酬正相关的同时，还发现第二大股东持股比例与外部独立董事薪酬呈正相关关系，不论在全样本还是子样本的研究中均有此发现。而在 Ye(2014)以中国的独立董事为样本的研究中，则探索了外部独立董事薪酬和盈余管理的关系。他发现支付给中国外部独立董事的现金薪酬越高，公司盈余管理的程度越大。但因为在中国全部独立董事的薪酬都是现金支付的，极少有支付股票性质薪酬的，故而“独立董事的现金薪酬越高”的概念跟通常意义上的是不一样的。

3. 企业业绩

有关外部独立董事薪酬是否应该与公司绩效挂钩的问题，一直在学界和业界存有争议。如果独立董事的薪酬与上市公司的经营绩效挂钩，难保其独立性。因为若为了提高公司的经营绩效，当上市公司采取虚增利润等财务造假方式来增大公司的净资产收益率等指标时，一旦独立董事薪酬与绩效挂钩，其必定从中受益，导致其倾向于与管理者合谋。

我国最早对独立董事薪酬和公司绩效进行定量研究的是谭劲松(2003)，他的研究发现，当独立董事薪酬处于2万~4万时与公司绩效呈正相关关系，在8万~10万元时绩效达到最大，超过10万元之后与绩效呈负相关关系。孙泽蕤和朱晓妹(2005)实证研究的结果表明，独立董事薪酬与公司净资产收益率不相关，但薪酬与公司每股收益和税后利润存在显著正相关关系。但夏冬林和朱松(2005)用加权ROA代表公司绩效，通过实证检验得出独立董事薪酬与公司绩效正相关，得出类似正相关结论的还有杜胜利和张杰(2004)，罗党论、徐璇和封煜(2007)以及李洪(2008)等。综合以上分析，我们认为外部独立董事的薪酬与业绩相关性较弱。

二、高管在职消费

最早给出“在职消费”定义的是Jensen和Meckling(1976)，他们将在职消费定义为经理对诸如“过度”豪华的办公室以及“私人”飞机等非货币性利益的消费。Jensen(1986)在研究企业自由现金流时将在职消费视为一种信号的释放，即在职消费意味着企业拥有无处使用的自由现金流。总体而言，在职消费是指高管在工资之外的报酬或利得，比如豪华办公室、专车和专机、餐饮消费以及娱乐消费等被认为是高管凭借其特权而获得的特殊待遇(万华林，2007)。早期有关在职消费的研究基本属于“代理观”的思路，这些研究均认为在职消费是高管侵吞公司利益的一种主要方式，近几年的相关研究开始关注了在职消费“效率观”的思路，认为必要的在职消费能有效的激励高管的尽职工作，最终促使公司业绩的提升。

（一）在职消费"代理观"

在职消费代理观的鼻祖当数 Jensen 和 Meckling（1976），他们将在职消费定义为经理对诸如"过度"豪华的办公室以及"私人"飞机等非货币性利益的消费。Jensen（1986）在研究企业自由现金流时，也将在职消费视为一种信号的释放，即在职消费意味着企业拥有无处安放的自由现金流，总体而言仍将高管的在职消费视为一种有损企业价值的行为，他同时也指出由于股利支付减少了管理层可支配的自由现金流，所以可以抑制管理层的在职消费。

国外研究方面，Yermack（2006）单独研究了在职消费中的一种形式——私人飞机，他发现披露公司飞机使用的公司股东回报率低于市场平均股东回报率的4%有余，并且在最初披露飞机私用时公司股价平均下跌1.1%，表明在职消费会损害股东价值。与此同时，CEO 薪酬和持股比例对在职消费没有显著的影响，但 CEO 个人特质却有显著的关系，特别是高尔夫球俱乐部的长期会员对在职消费具有很强的解释力度。Grinstein、Weinbaum 和 Yehuda（2008）以美国强制披露高管薪酬法案的颁布为背景，研究强制披露后，高管的在职消费情况。他们发现，新法案颁布后，公司披露了更多的在职消费信息，特别是在投资机会少，自由现金流充足的企业中。市场对于披露大量在职消费的企业的市场反应是负向的，他们的研究结论支持了在职消费的代理观。

国内研究方面，陈冬华、陈信元和万华林（2005）率先从薪酬管制的视角对比研究了国企的在职消费，他们发现我国上市公司高管的在职消费受到绝对薪酬、企业租金和规模等因素的影响，而在国有企业中由于薪酬管制的存在，在职消费成为管理人员的替代性选择且缺乏效率。这篇论文的贡献主要有两点：其一，揭示了由于中国国有企业存在的特殊的薪酬管制现象所引发的在职消费是作为国企高管薪酬的一种替代补充机制；其二，他们对在职消费的度量方法——"八项费用法"为后人所普遍借鉴。作为公司正常经营的需要以及高管薪酬契约不完备的产物，在职消费本身是具有一定的合理性的，陈冬华、陈信元和万华林(2005)也对此进行了肯定，但在他们1999—2002年的研究样本中则发现国企高管在职消费金额几乎是其薪酬的10倍，可见我国国企高管的自我激励成本过大，自我约束太少，也可能是由于样本期间对国企高管的监督力度薄弱所致。

在陈冬华、陈信元和万华林(2005)之后，又有诸多学者从"代理观"的角度对在职消费进行了研究。比如卢锐、魏明海和黎文靖(2008)从管理层权力理论出发，研究管理层权力大小对我国上市公司在职消费的影响。他们通过从两职合一、股权分散、高管在位时间等构建了度量管理层权力的方法，其结果发现，管理层权力越大其在职消费的金额就越多，区分产权性质后，民企的在职消费更多但对业绩并无显著促进作用。从总体来看，他们的研究结论也是支持在职消费的"代理观"。再比如，罗宏和黄文华(2008)是支持在职消费的"代理观"，并且他们认为至少国企的高管的在职消费呈现出"代理观"。该文的观点和验证的问题其实与Jesen(1986)很相似，因为他们的研究也发现国企的在职消费水平随着高管持股的增加非但没有减少反而加剧了。

Luo、Zhang和Zhu(2011)也支持了在职消费的代理观，他们发现公司高管的在职消费对公司的运营效率有损害，同时提出了在职消费"残差法"和"八项费用法"。银行的所有权形式对公司的在职消费有影响，公司支付的利率越高，在职消费就越高。在中国，由于银行同时扮演资金供给者和企业所有者的双重身份，所以银行的监督作用被削弱。类似的研究还有冯根福和赵珏航(2012)，他们运用模型系统梳理高管薪酬、在职消费和公司绩效三者关系。他们首先运用Nash讨价还价模型，比较系统的梳理了高管年薪、股权激励和在职消费三者的关系，发现管理层持股可以抑制高管在职消费，在进一步研究三种激励形式和公司绩效的关系之后，他们发现管理层持股在抑制在职消费的基础上有助于改善公司绩效。这篇文章的优点在于方法独特，巧妙的将经济学中的Nash讨价还价模型运用到高管的薪酬契约中，具有一定的创新性。另外他们在延续陈冬华、陈信元和万华林

(2005)的方法和研究思路时，研究得更为谨慎，因而得出的结论也相对可靠。

此外，李宝宝和黄寿昌(2012)分析了国有企业在职消费的决定因素和经济后果。他们考虑了地域因素导致的人力成本不同而可能影响到在职消费的高低，因而设置了“北上广深”的哑变量，并且发现在区分会计准则改革后的子样本中正显著。李艳丽、孙剑非和伊志宏(2012)从代理视角出发，发现在职消费对企业绩效有负向的影响，支持了在职消费的“代理观”。具体而言，他们主要研究机构投资者持股对企业在职消费的影响，研究发现机构投资者持股水平越高，企业的在职消费就越低，并且这种现象在公司治理水平差的公司中更为明显。万华林和陈信元(2012)的研究视角独特，从我国国企经理人特有的“59岁现象”的角度出发，探索经理人在缺乏职业前景激励时在职消费的变化，并结合了股东监督的视角。他们的研究发现，国企经理人在退休前在职消费并没有显著变高，但当经理人在股东单位兼职或薪酬弹性缺乏时，国企高管在退休前的在职消费则会显著变高。

(二)在职消费“效率观”

最早的在职消费“效率观”可追溯到Fama(1980)，他认为当在职消费比管理层期望获得的商品和服务的成本低时，在职消费可能成为最优的薪酬契约。与Fama(1980)的观点类似，Rajan和Wulf(2006)认为当在职消费能有助提高管理层的效率从而增加股东价值时，在职消费可以成为最优的薪酬契约。Rajan和Wulf(2006)是在职消费“效率观”中比较经典的研究。他们首先质疑了在职消费对企业而言是坏事的观点，因为传统的观点多认为在职消费是典型的代理成本的表现形式，比如在自由现金流充裕或者未来投资渠道受限的行业中，在职消费会多，而在外部监管严格的公司，在职消费则相对较少。但他们以问卷调查数据的研究结果却发现，在职消费的证据并不完全支持上述观点，在职消费在某些情况下可能是促进管理层的生产率，所以他们认为单纯将在职消费当作代理成本是不正确的。

国内研究方面，Chen、Li 和 Liang(2010)采用“八项费用法”，同时肯定了“代理观”和“激励观”，他们在研究影响在职消费因素的同时，探索了这些因素是否并如何影响公司的价值。他们发现，在职消费和公司绩效成正相关关系，肯定了在职消费具有激励管理层的效果，但同时，与薪酬绩效敏感性的对比研究发现，货币薪酬能带来更高的公司绩效，因而他们认为在职消费的激励效率并非高于货币薪酬。Adithipyangkul(2011)用中国1999—2004年上市公司的数据研究发现，高管在职消费和公司当下以及未来的业绩正相关，他们认为在职消费是高管非现金薪酬的一种补充，其研究支持了 Rajan 以及 Wulf(2006)的结论。

而陈冬华、梁上坤和蒋德权(2010)则从不同市场化进程的视角研究了我国高管货币薪酬和在职消费的替代选择情况，他们利用1999—2008年共十年的 A 股上市公司数据进行研究发现，由于在职消费和货币薪酬在激励契约的成本上存在差异，因而随着市场化进程的深入，尽管货币薪酬和在职消费都在增长，但前者对后者呈现出边际替代的趋势。他们的核心思路还是将在职消费视为高管替代薪酬的一种选择和补充机制，故将其列入“激励观”之中。与之类似的研究还有姜付秀和黄继承(2011)，他们探索了经理激励和企业负债的关系对企业价值的影响。他们将经理人的激励明确区分为显性的货币激励和隐性激励(在职消费)，比较全面的衡量了高管的薪酬契约，实质上延续了最优薪酬契约理论的研究思路。他们发现，不论是显性薪酬还是隐性薪酬(在职消费)，都能提高公司价值，并且这两种薪酬形式都对负债的激励产生了替代作用，他们进一步的研究还发现，这种替代关系显著受到企业产权性质的影响。与之类似的研究还有王曾、符国群和黄丹阳(2014)，他们也是支持“效率观”的代表。作为正常经营活动及契约不完备的产物，在职消费本身具有一定的合理性。他们通过探讨国有企业 CEO 的政治晋升与在职消费的关系，其研究发现，在双重隐性激励的范式情境下，国有企业高管的这两种激励存在替代效应，即政治晋升可能性越高在职消费越少，但这种替代是非对称的。他们的研究还发现，政治晋升可能性会直接抑制在职消费，但另一方面，更高的公司绩效会提升在职消费，但政治晋升的抑制作用大于后者的提升效应。

同时支持“效率观”和“代理观”的研究有 Cai、Fang 和 Xu(2011)，黎文靖和池勤伟(2015)以及孙世敏、柳绿和陈怡秀(2016)等。Cai、Fang 和 Xu(2011)以中国公司为样本，将公司的娱乐和交通费用(ETC)作为度量腐败的一种变量。他们认为 ETC 是一种混合了正反两方面效用的支出，同时，他们也发现 ETC 虽然降低了企业的生产效率，但也提高了企业的实际收益。其数据来自世界银行的调查问卷，所以他们的研究使用比较独特的度量指标，如政府效率、政府收受的贿赂等指标。该文通过检验 ETC 对不同制度层面指标的关系，进而推断出相应的结论。他们的研究同时支持“效率观”和“代理观”，一分为二地对待了在职消费问题。而黎文靖和池勤伟(2015)则分析了不同产权性质下高管职务消费对企业业绩的作用机理。他们发现，在非国企中，在职消费与企业业绩正相关，而在国企中，高管在职消费与企业并无显著关系。更深入的分析发现，非国企中高管在职消费是一种政府关系的投资，用以获取政府补助而非维护客户关系为目的，但国企的在职消费既非政府关系投资也非对客户关系的维护。因而他们认为国企在职消费支持了“代理观”，而非国企的在职消费表现为“效率观”。孙世敏、柳绿和陈怡秀(2016)的研究也同时肯定了“代理观”和“效率观”，他们将中国高管在职消费分为货币薪酬补充、正常职务消费及自娱性消费三种成分。他们主张公司在职消费究竟是“代理观”抑或“效率观”取决于前两种成分的经济效益与后一种成分的代理成本，若前者大于后者则表现为“效率观”，反之则为“代理观”。他们发现，中国的在职消费总体上呈现出较强的“效率观”，说明货币补充成分和正常职务消费占主导地位。而以“股权集中度”和“机构投资者持股比例”为公司治理代理变量的研究则肯定了公司治理对在职消费“效率观”的正向引导作用。

在职消费的“代理观”与“效率观”在理论上看似是两种矛盾的理论，但实际上具有内在的逻辑一致性。在两权分离的情形下，“效率观”在决策控制权的行使是有效的基础上，认为可控的高管在职消费决策是可以实现股东利益最大化的，因而提供高管在职消费可以达到降低企业内部的组织成本的目标。而“代理观”则认为，由于公司高管掌握着决策权，而在代理问题难以避免的情形下，公司高管就可能利用在职消费达到自身利益最大化而非股东利益最大化的目的。但其实这两种观点在某些条件下都可以成立（万华林，2007）。同为公司高管的在职消费，既有符合“效率观”之处，也有符合“代理观”的地方。在考虑公司高管的在职消费问题时，可以参考孙世敏、柳绿和陈怡秀（2016）的研究思路，对“效率观”与“代理观”的检验时，多注意公司高管在职消费在不同的约束条件下可能对企业绩效产生的不同影响。

（三）在职消费与企业业绩

在职消费与企业绩效的相关性一直存有争议。一方面，从影响高管在职消费影响因素的角度进行分析企业业绩的文献并不多。例如 Chen、Li 和 Liang（2010）在同时研究在职消费的决定因素和其经济后果时，为了避免内生性问题，在考虑决定因素时直接忽略了企业绩效的影响。大部分文献都是从在职消费经济后果的角度研究和企业业绩的相关性，相当一部分学者发现在职消费与企业业绩正相关（Chen，Li，and Liang，2010），但也有研究表明，在职消费与绩效负相关或不相关（冯根福和赵珏航，2012；黎文靖和池勤伟，2015）。

Adithipyangkul（2011）是为数不多的直接考虑企业绩效作为高管薪酬决定因素的文章，他们用中国 1999—2004 年上市公司的数据进行研究发现，高管在职消费和公司当下以及未来的业绩正相关，他认为在职消费是高管非现金薪酬的一种补充，其研究支持了 Rajan 和 Wulf（2006）的结论。而 Chen、Li 和 Liang（2010）的研究则是从在职消费的经济后果角度发现在职消费和公司绩效正相关，他们一方面肯定了在职消费具有激励管理层的效果，但另一方面，通过同时与薪酬绩效敏感性的对比研究，他们发现，货币薪酬能带来更高的公司绩效，因而他们认为在职消费的激励效率并非高于货币薪酬。在王曾、符国群和黄丹阳（2014）的研究中可以发现，更高的公司绩效会提升在职消费，即肯定公司绩效与在职消费的正相关关系。

与以上发现相反，另一部分学者则发现高管在职消费与绩效负相关或不相关。Yermack(2006)的研究发现，披露公司飞机使用的公司股东回报率低于市场平均股东回报率的4%有余，并且在最初披露飞机私用时公司股价平均下跌1.1%，表明在职消费会损害股东价值，与企业的市场绩效负相关。冯根福和赵珏航(2012)在运用Nash讨价还价模型进行理论分析后，通过实证检验发现，在职消费与公司绩效之间负相关，并且他们认为在职消费与公司绩效之间存在替代关系。黎文靖和池勤伟(2015)分析了不同产权性质下高管职务消费对企业业绩的作用机理。他们发现在非国企中，在职消费与企业业绩正相关，而在国企中，高管在职消费与企业并无显著关系。

由于对在职消费采用的度量方式存在差异，各研究样本的时间跨度不同，在不同产权性质中，在职消费与企业业绩的关系呈现出并不一致的结论。综上所述，在以我国公司为研究样本的已有文献中，高管在职消费与企业业绩的关系并不明晰，且有相当一部分研究表明高管在职消费与企业绩效无显著相关关系(黎文靖和池勤伟，2015)，此外，在职消费与企业绩效的关系呈现出很强的内生性问题，所以如本书第一章的图1-1中所示，我们认为在职消费与企业绩效是弱相关关系。

三、公司慈善捐赠

所谓慈善捐赠是指组织或个人出于慈爱之心，通过无偿捐献或赠送其有权处分的合法财产给合法的受赠对象，以达到帮助受赠对象的目的。公司慈善捐赠是Carroll(1979)所定义的企业社会责任的内容之一。Godfrey(2005)从研究立场为出发点，将企业慈善捐赠理论分为：坚决反对慈善捐赠的股东资本主义观(Shareholder Capitalism)、极力倡导慈善捐赠的企业公民观(Business Citizenship)和折中的战略慈善观(Strategic Philanthropy)。

国内外众多文献该问题的理论解释主要来自于以下三种理论：委托代理理论、利益相关者理论和战略性慈善理论。它们分别以经济学、社会学和管理学的角度，阐述了企业慈善捐赠与企业财务行为以及经济后果之间的联系。正是基于不同的理论基础，也产生不同的学派：股东资本主义学派、企业公民学派与折中的战略慈善学派，学派与学派之间的风格也迥然不同。

（一）股东资本主义观

股东资本主义观认为企业的基本属性即是盈利性，在法律以及规章制度允许的空间内，利用企业资源从事增长企业利润的经营活动。该理论认为企业的慈善捐赠并不能增强企业价值，背离了企业追求利润最大化的基本属性，因而该理论认为企业不应去参加社会公益性的活动。社会中财产的最终拥有者应该作为慈善捐赠的主题，而不是拿企业的名义行善。完全竞争市场理论是股东资本主义观的理论基础。从市场的角度来看，企业捐赠行为的发生必然导致经营成本的增加，而增加的部分或者通过产品价格上升而转嫁给消费者，或者通过减少股东分享的利润而由股东承担。在完全竞争市场理论中，并没有假定成本中包含社会责任成本，如果产品加价转嫁给消费者，产品价格的上升带来销售量的下滑，市场份额的损失。如果企业维持原有价格，结果则是降低利润应对新增的成本，最终影响到要素市场的均衡。在一个完全竞争市场中，要素资源也是自由流动的，由于资本的逐利性使得回报率最高的企业获得最多的资本要素流入。如果企业发生了慈善捐赠却没有将成本转嫁给产品端的消费者，而是在企业内部消化该分成本，资金要素的回报率必然降低。假以时日，资金要素将从履行社会责任多的企业流出，流入到少履行或者不履行社会责任的企业中去。因为未履行社会责任的企业在理论上能获得更高的回报率。

股东资本主义观相对其他理论有三个优势，首先，它明确地划分出企业道德义务的界限，为企业的管理和投资决策提供了指向性的停止法则（stopping rule）；其次，以严格可计量的产出为标准让管理层对股东负责；第三，它确实从根本上解决了管理层与企业捐赠之间的代理问题（Godfrey，2005）。但也有反对者提出质疑，“企业的第一目标应该是保证企业自身的生存，而不是利润最大化”；同时把企业社会责任和企业经营绩效认为是相互对立、相互排斥的两个方面，这是一个“错误的二分命题”(Porter and Kramer，2002)。管理学大师波特的观点是任何企业均无法独立于社会，所以企业所处的竞争环境在一定程度上决定了企业的竞争力，而企业慈善行为使得包括劳动力素质、基础设施条件、区域市场规模和完善程度以及政府效率等在内的竞争环境变得更为友善。“竞争环境导向型慈善行为”必然减缓企业社会责任和企业绩效之间的矛盾，使之走向相互兼容。

(二)企业公民观

企业公民观与股东资本主义观完全对立，该理论认为企业慈善捐赠行为是身为公民的企业所应尽的义务，因而企业慈善捐赠不应考虑任何有经济收益的回报。企业公民观认为企业作为社会成员的一份子，和自然人性质相同均属于国家公民。企业为社会的发展应当承担一定的义务。对相关利益人、所有者、顾客、供应商等承担责任(Carroll，1998)。在社会责任的金字塔的模型中，社会责任中的经济责任、法律责任、道德责任呈现递进关系，企业的慈善责任位于金字塔最顶端。它表明了企业作为公民应进行慈善捐赠，这是企业社会责任的最高体现。企业公民观是一种强烈的社会期望，社会公众期望企业向个人一样，对社会责任和慈善事业的发展背负相应的义务。

企业公民观有两点优势：首先，将企业认为社会的一员，使之深深嵌入全球社区和制度社会中，并且企业行为与社会目标相互协调；其次，为企业捐赠行为提供广泛的理论研究框架。同时，对企业公民观的批判来自两个方面：第一，未能有效合理的界定企业承担社会责任的边界，在理论和实际上都未能为企业的管理和投资决策提供了指向性的停止法则(stopping rule)；第二，使利益驱动的企业组织承担了更多的公共政治角色。

(三)战略性慈善

战略性慈善(Strategic Philanthropy)的概念最早诞生于20世纪80年代，

该学派认为企业的慈善行为和绩效是相容而非矛盾的，企业的捐赠行为对企业的利益相关者比如客户、社区和员工等更有吸引力，进而巩固企业的资源基础以增强企业的竞争力(Mescon and Tilson，1987；Smith，1994；Porter and Kramer，2002等)。战略性慈善最终可以带来企业价值的增加，而根据增值的作用机制不同，战略性慈善可分为直接增值和间接增值两种。

直接增值的战略性慈善以Porter和Kramer(2002)的慈善捐赠—竞争优势模型最具代表性。他们认为，目前已经有更多的企业开始寻求战略性的公益性捐赠方式。公益性慈善捐赠已经被众多企业用作公关甚至广告的手段，借以提升公司或品牌形象。企业通过巧妙利用公益捐赠行为来改善企业自身的环境，构建“公益性捐赠产生竞争优势”的新模式，合理整合了看似冲突的社会目标以及经济目标，通过慈善捐赠行为增强企业的竞争优势，进而达到提升企业长期价值的目的。他们认为企业可以经过挑选，对既能带来社会效益，又能带来经济效益的慈善项目进行战略性捐赠，以达到同时改善竞争环境的四个方面和提升企业利润的目的。但这种双赢的模型也有缺陷，比如钟宏武(2007)就指出该模型存在“搭便车”的问题以及将“非互利”的捐赠一刀切为需要变革捐赠的误区。

间接增值的战略性慈善有Fombrun和Shanley(1990)提出的声誉模型及Turban和Greening(1997)的捐赠—招聘模型等。间接增值的战略性慈善需要通过某种关系媒介才能达到企业绩效改善的目的。Fombrun和Shanley(1990)构建了一个在不完全信息的背景中企业不同种类的信号可以建立起多维的企业声誉机制进而影响企业活动的模型，其中的信号种类包括市场表现与风险、股利政策、会计利润与风险、机构持股比例、企业社会责任等。在该模型中企业的捐赠行为可以通过改善企业的声誉进而改善企业绩效，是一种间接的战略性慈善行为。

(四)企业慈善捐赠和绩效的关系

尽管相当的文献都发现了企业绩效对公司慈善捐赠产生积极的影响作

用(Schwartz，1968；Waddock and Graves，1997；Leclair and Gordon，2000；山立威、甘犁和郑涛，2008)①，比如Schwartz(1968)对1936—1961年共9个行业的慈善捐赠数据分析后发现，公司慈善捐赠与公司收入或现金流显著正相关。Leclair和Gordon(2000)在研究行业等因素对公司慈善捐赠的资源配置时，肯定了税前利润是公司慈善捐赠的主要决定因素之一。Waddock和Graves(1997)通过实证检验也发现公司捐赠与公司业绩显著正相关。而国内方面，山立威、甘犁和郑涛(2008)在以汶川地震为对象的研究中就发现，业绩好的公司慈善捐赠总额以及现金慈善捐赠都更多。

但现在已有越来越多的研究表明，企业绩效的变化和慈善捐赠的变化是非对称的，即当企业绩效上升时会增加捐赠支出，但当企业绩效下降时并未减少捐赠支出(李四海、陆琪睿和宋献中，2012；李四海、陈旋和宋献中，2016)。

李四海、陆琪睿和宋献中(2012)以我国2004—2010年度的亏损上市公司为样本的研究发现，47.7%的亏损企业在当年都发生过慈善捐赠行为，而亏损企业的这种慈善捐赠行为实质上是一种作为获取政府利益的互利互惠的理性行为。此外，李四海、陈旋和宋献中(2016)以业绩下滑企业和亏损企业为研究样本，从战略性动机的视角，研究了“穷”企业进行慈善捐赠的经济动因。他们从信号传递的角度，发现业绩下滑企业的慈善捐赠可以对外传递出企业未来经营状况良好的乐观信息从而获得利益相关者的支持，但亏损企业的慈善捐赠则难以达到此目的。这两篇文章都发现当企业业绩下降时并未减少相应的捐赠支出，企业慈善捐赠与企业绩效呈现非对称的相关关系，所以一定程度上，我们认为企业慈善捐赠与公司绩效是弱相关的。

---

① 这一点与传统的股东利益最大化理论也是一致的，可以设想如果企业业绩下滑或者亏损，而发生没有明确目的的社会责任支出，至少从短期来看无疑是在损害股东利益。

第三章
制度背景

第一节 外部独立董事的制度背景

一、中国外部独立董事产生制度背景

我国于1990年创立证券交易市场，但彼时并未对上市公司董事会的独立性做出任何具体要求。时至1993年7月15日，青岛啤酒股份有限公司首次登陆香港H股市场，香港证券交易所要求上市公司所聘请的独立董事需超过两人，至此开启了我国企业引入独立董事的先河。1997年，证监会出台的《上市公司章程指引》，有提及到："根据公司需要，可以设立独立董事。"但这一要求并非具有强制性，而仅仅是作为一项选择性条款，建议上市公司根据其实际情况来决定是否执行此规定。在2000年上海证券交易所发布的《上市公司治理指引(草案)》中则有提及到，上市公司至少应配备两名独立董事，且独立董事占董事总人数的比例不低于20%。

中国证监会于2001年8月16日颁布了《关于在上市公司建立独立董事制度的指导意见》，文件指示，上市公司应建立独立董事制度。独立董事对全体股东勤勉尽责、诚实守信的义务。独立董事应当按照相关法律法规、本着指导意见和公司章程的要求，认真履行职责，维护公司整体利益，尤其要关注中小股东的合法权益不受损害。独立董事在履行职责时应客观独立，不受上市公司主要股东、实际控制人或者其他与上市公司存在利害关系的单位或个人的影响。独立董事原则上可以最多在五家上市公司

兼任，但需确保有足够的时间和精力履行其职责。独立董事在上市公司董事会成员人数中的比例不低于三分之一，其中会计专业人士不得少于一名。至此，我国在上市公司的治理结构中正式引入独立董事制度。我国的独立董事制度，是政府在上市公司受大股东控制以至于法人结构有缺陷的背景下，为使中小股东的利益不受侵害，是强制性法律移植的产物。

2005 年 10 月 17 日，独立董事被写入《公司法》。而同年，深圳交易所颁布《独立董事备案方法》，这使得独立董事的制度进一步完善。

二、中国外部独立董事薪酬规定

随着独立董事制度的逐渐完善和上市公司中独立董事数量的增加，有利于我国公司治理结构的完善，但配套的法律法规却略显滞后。虽然我国上市公司中有设立独立董事，但在《公司法》中却并未做出具体的规定，独立董事存在的条件和空间并未能得到保障，对独立董事的产生、薪酬、义务、权利、责任也并未做出明晰的规定，故外部独立董事的薪酬支付并没有一个参考标准。这一点从沈艺峰和陈旋(2016)的研究中也能得到体现，他们的研究发现，中国外部独立董事的薪酬并未表现出有效的薪酬绩效敏感性。此外，关于独立董事薪酬的规定并未上升至法律条文层面，因而也不具有法律的约束力。

为了完善公司治理，在参照欧美成熟的资本市场的基础上，我国在 2001 年正式引入独立董事制度。中国证监会同年颁布了《关于上市公司建立独立董事制度的指导意见》中，对独立董事的薪酬做出了相关规定："上市公司应当给予独立董事适当的津贴。津贴的标准由董事会提交议案，经股东大会审议通过，在公司年报中披露。除以上津贴外，独立董事不应从该上市公司及其主要股东或有利害关系的机构和人员取得额外的、未予披露的其他利益。"该项规定对独立董事薪酬具体标准并未提出可量化的指标。而是留给了上市公司更多的自主权。

2013 年 10 月 19 日，中组部颁发了《关于进一步规范党政领导干部在企业兼职(任职)问题的意见》(简称 18 号文)，其中有关独立董事的相关规定引起社会广泛关注。文件对现任和离任官员在企业的任职资格、期限、年龄和薪酬等方面做出详细规定，其主要内容包括：现职党政领导干部不得在企业兼职；辞去公职或退休3年内，不得到原管辖地区和业务范围内的企业任职，即使到上述范围外的企业任职，仍需通过上级单位的批准；辞去公职或退休3年后，要到企业兼职的，需要向上报告并备案；即使按规定经批准可以在企业兼职，也不得在企业以薪酬、奖金、津贴等形式领取报酬，同时对其兼职的党政领导干部的人数、任职期限和任职年龄都有所限制；最后还责令在规定期限内对党政领导干部在企业兼职事项进行清查。这些严格的规定迫使大量官员独董选择离职，由此出现了声势浩大的官员独董"辞职潮"，引发了舆论和社会的广泛关注。

第二节　国企高管薪酬管制的制度背景

一、2009年"限薪令"

早在20世纪90年代，国务院就有在探索国有企业领导干部的年薪制。但直到2002年，国务院才明文规定，国有企业高管年薪不得超过职工平均工资的12倍。2004年后，为了进一步落实国有企业高管薪酬的管理，陆续出台了关于国有企业高管薪酬管理的规范。随着社会经济环境的发展以及市场化激励进程的加速，文件中规定的薪酬倍数已不复存在了。2009年9月16日中央六部委联合下发《关于进一步规范中央企业负责人薪酬管理的指导意见》(简称《政府限薪令》)。《政府限薪令》以市场调节与政府监管为目标，对中央企业发出高管"限薪令"，规定高管年薪应限制在60万左右，国有银行的高管也均按此标准执行。

二、2012年"八项规定"

2012年底总书记习近平在政治局会上，讨论并通过了关于"改进工作作风、密切联系群众”的“八项规定”①。随着政策出台，中央宣传部等部委联合发出通知，要求党员干部禁止铺张浪费、提倡节俭。

在这一系列政策出台后，企业的职务消费比例直线下降，从而引出了本书对企业高管在职消费问题进行了重新思考。

三、2015年“限薪令”

中共中央政治局2014年8月29日召开会议，审议通过了《中央管理企业负责人薪酬制度改革方案》。2015年1月1日起，《中央管理企业负责人薪酬制度改革方案》出台，首批将涉及72家央企负责人。

《中央管理企业负责人薪酬制度改革方案》明确了关于央企高管差异化薪酬管控的标准，综合考虑国企高管当期业绩和中长期持续发展，重点对行政任命的央企高管人员以及部分垄断性的高收入行业的央企负责人薪酬水平实行限高，以此来抑制央企高管获得畸高薪酬，缩小高管与员工之间的薪酬差距，降低央企高管增幅幅度，不得大于员工的增幅幅度。此次改

---

① 所谓“八项规定”如下：(1)要改进调查研究，到基层调研要深入了解真实情况，总结经验、研究问题、解决困难、指导工作，向群众学习、向实践学习，多同群众座谈，多同干部谈心，多商量讨论，多解剖典型，多到困难和矛盾集中、群众意见多的地方去，切忌走过场、搞形式主义；要轻车简从、减少陪同、简化接待，不张贴悬挂标语横幅，不安排群众迎送，不铺设迎宾地毯，不摆放花草，不安排宴请。(2)要精简会议活动，切实改进会风，严格控制以中央名义召开的各类全国性会议和举行的重大活动，不开泛泛部署工作和提要求的会，未经中央批准一律不出席各类剪彩、奠基活动和庆祝会、纪念会、表彰会、博览会、研讨会及各类论坛；提高会议实效，开短会、讲短话，力戒空话、套话。(3)要精简文件简报，切实改进文风，没有实质内容、可发可不发的文件、简报一律不发。(4)要规范出访活动，从外交工作大局需要出发合理安排出访活动，严格控制出访随行人员，严格按照规定乘坐交通工具，一般不安排中资机构、华侨华人、留学生代表等到机场迎送。(5)要改进警卫工作，坚持有利于联系群众的原则，减少交通管制，一般情况下不得封路、不清场闭馆。(6)要改进新闻报道，中央政治局同志出席会议和活动应根据工作需要、新闻价值、社会效果决定是否报道，进一步压缩报道的数量、字数、时长。(7)要严格文稿发表，除中央统一安排外，个人不公开出版著作、讲话单行本，不发贺信、贺电，不题词、题字。(8)要厉行勤俭节约，严格遵守廉洁从政有关规定，严格执行住房、车辆配备等有关工作和生活待遇的规定。

革在业内被称为“有一锤定音之效”，将有助于打破央企高管“旱涝保收”的铁饭碗，做到约束和激励相结合，也将利于国有企业完善公司治理制度。

上述关于我国国有企业高管薪酬的制度背景表明了我国国有企业的高管在激励问题上面临着强烈薪酬管制，而这些薪酬管制是来自于政府的行政管制和国有资产管理体制。相对于国有企业而言，国有资产管理部门的所有者相对是信息的劣势方，需要付出较高的成本才能观察到国有企业的绩效，这也就意味着政府很难与国有企业的经营者事前签订有效的激励契约，也很难事后实施有效的监督(陈冬华等，2005)。当前我国国有企业管理者的薪酬激励体系主要可分为显性激励与隐性激励。显性激励通常包括以年薪和股权激励为主的货币形式激励，而隐性激励则主要表现为在职消费。转型期国有企业的薪酬管制是来自于政府的行政管制和国有资产管理体制。首先，政府部门作为国有资产的管理者，类似于其他委托人，信息不对称和信息成本使得国有资产监管部门具有天然的信息劣势，庞大而复杂的国有体系也使其很难根据企业特征逐个签订有效的激励契约；作为公有产权的最终委托人，被“绑定”的政府没有退出权，这都加大了国有资产管理的难度。其次，转型期的国有企业具有典型的“双轨制”特点：政府“放权让利”国有企业逐渐走向市场，以追求企业利润最大化为目标；政府调控宏观经济的枢纽，国有企业依然承担着诸如稳定经济、解决就业和维持公平等社会责任，目标的多元化和行政干预模糊了管理者努力程度和企业绩效的关系。虽然在理论上肯定国企高管的市场价值，但行政性的选拔和“亦官亦商”的双重身份剥夺了其参与薪酬谈判的能力，天然处于被管制地位。同时，行政指标、政治晋升等多元化考核体系指导下必然催生多元的、不单以货币报酬为导向的报酬体系，在职消费是其中的体现。

第三节　我国企业慈善捐赠的制度背景

一、中国企业社会责任发展状况

根据中国慈善排行榜2009年的榜单显示，我国参与慈善捐赠的民营企业不论从捐赠比例还是捐赠数量上来看，均远远超过我国的国有企业以及外资企业。具体来说，参与捐赠的民营企业数占全部企业数量的 42.7%，从捐赠金额上来看，约为 50 亿元，占全部捐赠金额的 41.3%。此外，据 2009 年民政部有关资料统计，慈善捐赠主体主要仍然是企业，其中民营企业的捐赠金额高达到了 41.35%。在 2011 年的中国社科院发布的《慈善蓝皮书》中表明：民营企业与国有企业在大额捐赠的数量上不相伯仲，在去年全年捐赠过亿笔数中，民营企业占据了半壁江山，首次出现了与国企旗鼓相当的局面。据《公益时报》2011 年的披露显示，在过去的一年，民营企业还是履行社会责任的主力军，同时，对近来连续 7 年的企业慈善捐赠统计数据中上来看，民营企业捐赠积极性和捐赠额以及捐赠比例都远远高于国有企业和外资企业，而且增长速度很快。

二、中国企业在重大自然灾害时履行社会责任的情况

2008 年 5 月 12 日，四川省阿坝藏族羌族自治州汶川县发生了史无前例的特大自然灾害，地震强度高达八级，严重破坏了超过 10 万平方千米的土地，造成了自唐山大地震后最严重的一次地震伤亡。多难兴邦，汶川地震唤起了中国企业社会责任感的觉醒。众多企业从普罗大众的反应中读到了公众和政府日益增强的期望——希望企业在给社会创造物质收益的同时做一个合格的社会公民。这无疑给中国企业增加了很多外部压力。在地震后的一周里面，来自于房地产业的捐款金额在所有行业中名列倒数第二，受到了来自公众的质疑甚至业主的压力，不少地产商为了挽救企业的品牌形象纷纷进行了补救的措施。以地产龙头万科为例，地震后仅仅捐助了 200 万人民币，并且总裁王石发表了十元论，要求普通员工捐款不得超过十元。这一举动引来了网友如潮的负面批评，万科股价应声而跌，王石随后公开道歉并且做出了补捐 1 个亿的表示。与此相反，在央视抗震救灾募捐晚会上，某凉茶品牌集团以 1 亿元人民币的国内单笔最高捐款获得了巨大的轰动，其产品也因此在各大商场行销一空，该凉茶品牌一跃成为国内知名品牌。在中国的跨国公司在这场灾后也未能幸免地受到波及，中国公

司的灾后捐赠，无论在数量上还是在及时性上无一例外的超越了国外同行，很多跨国公司因此而背了“铁公鸡”的骂名，产品也受到了中国消费者的抵制，使得跨国公司不得不重新审视在中国的策略。

第四章 地理距离与外部独立董事薪酬

第一节 引　　言

以往的很多研究文献都表明，包括内部董事在内的高管薪酬都受到公司绩效的影响（Jensen and Murphy，1990；Hall and Liebman，1998；Murphy，1999；Gibbons and Murphy，1992；Hermalin and Weisbach，1998；Yermack，1996；Core，Holthausen and Larcker，1999；Bertrand and Mullainathan，2001；朱滔，2015），但以下三个方面的实际数据却显示，外部独立董事薪酬与公司绩效高低不存在显著的相关关系。其一，图 4-1 描绘了实际任期为 3 年的平均独立董事薪酬和平均公司绩效，其中横轴的 1、2、3、4 分别表示的是所有独立董事任期开始的第一个、第二个、第三个和第四个会计年度的平均薪酬。由于独立董事的任期可能是从年中开始的，所以实际任期 3 年却可能在四个会计年度获得薪酬，因此也造成了第一个和第四个会计年度的平均薪酬低于中间两年的现象。但从可以比较的第二年和第三年的薪酬来看，分别为 58447 元和 58992 元，在任职期间内增加了 0.93%。而对应的第二和第三会计年度里，上市公司的 ROA 却由 3.67%变动到 3.55%，下降了 3.29%。所以直观上看，外部独立董事的薪酬与公司绩效无关。其二，图 4-2 描绘实际任期为 6 年的每年平均独立董事薪酬和平均公司绩效之间的关系。由于第一个和第七个会计年度的薪酬不具有可比性，我们重点关注第二个到第六个年度的平均独立董事薪酬，它们分别为 55995 元、59865 元、63185 元、66722 元和 64089 元，增长率分别为 6.91%、5.55%、5.60%和-3.95%，平均增长率为 3.53%。而对应上市公司的 ROA 分别为 3.52%、3.05%、2.97%、3.23%和 3.13%，增长率分别为 7.73%、-11.86%、-4.29%和-3.70%，波动幅度较大并且明显不同于独立董事的变化趋势。

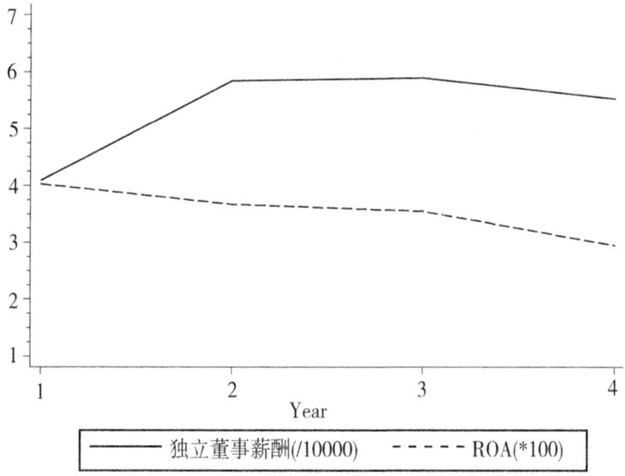

图 4-1 外部独立董事薪酬与公司绩效(3 年任期)

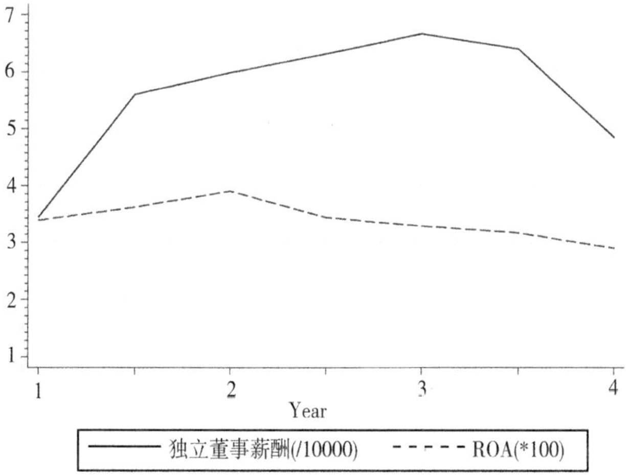

图 4-2 外部独立董事薪酬与公司绩效(6 年任期)

其三，图 4-3 描绘出 2012 年上市公司外部独立董事薪酬样本的分布图，其中每一个散点代表每家公司所有独立董事当年的平均薪酬。2012 年剔除缺失样本后，共有 2401 家公司的数据。从图 4-3 中可以观察到，大部分公司的独立董事薪酬集中在 3 万~8 万元，出现"趋同集中"现象。图 4-4 所显示的是相对应的上市公司绩效的分布图。对于图 4-3 和图 4-4 两个分布图的检验表明，外部独立董事分布图的偏度和峰度分别为 2.62 和 12.73，而对应的上市公司绩效的偏度和峰度分别为-0.73 和 6.83，显示两者分布并不一致。上述经验证据与国外相关文献研究不相同，例如 Ryan 和 Wiggins(2004)的研究表明，包括外部董事在内的董事成员获得的报酬越高，公司董事会的独立性相应也越高，而 Adams 和 Daniel(2008)同样发现，公司外部董事得到的车马费越高，他们出席董事会的积极性就越高。Cordeiro、Veliyath 和 Eramus(2000)的研究更直接，在控制了公司规模、董事的努力程度以及监管情况等影响因素后，美国公司外部董事的报酬与企业的绩效呈正相关关系。

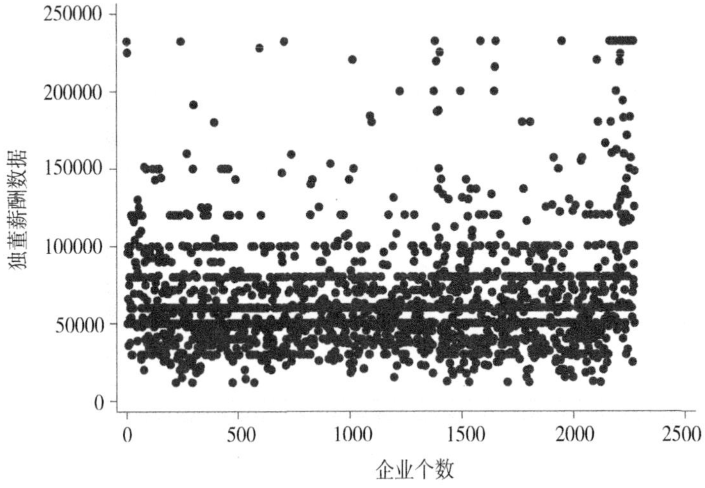

图 4-3　外部独立董事薪酬(2012 年)分布图

那么，为何我国上市公司外部独立董事的薪酬与公司业绩会出现与国

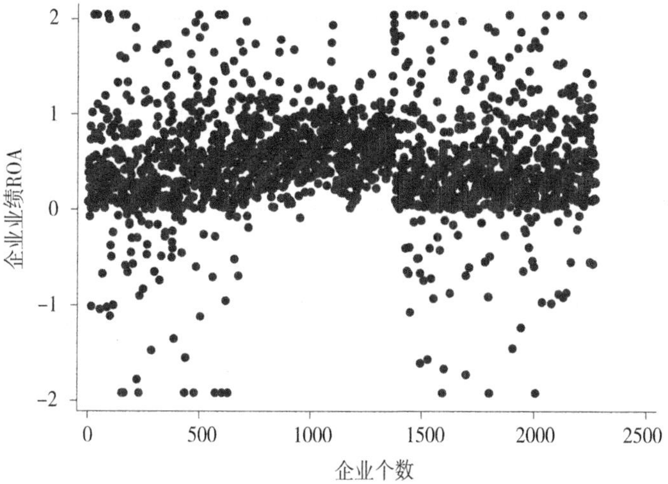

图 4-4 公司绩效(2012 年)分布图

外文献不同的现象，即表现出无相互关系的现象？我国上市公司外部独立董事薪酬又是如何决定的呢？这些问题是有关公司治理的根本性问题。如果作为公司治理重要机制之一的外部独立董事，其薪酬决定与公司绩效无关，那么如何建立有效的外部独立董事的激励机制，这类机制有效性应考虑哪些要素？虽然国外部分学者已经注意到，外部独立董事的劳动力市场竞争可能是影响外部独立董事薪酬的重要因素之一(陈艳，2009；罗进辉，2014)。但目前我国尚未形成外部独立董事的劳动力市场(陈艳，2009)，外部独立董事的声誉机制也没有发挥相应的作用(罗进辉，2014)，因此他们的薪酬高低不一定是市场竞争的结果，Fama 和 Jensen(1983)有关外部董事著名的声誉假设并不适用于我国外部独立董事的实际情况。本章基于外部独立董事薪酬的不完全市场和声誉机制失效的背景，探求在这样一种特殊的情况下，决定我国外部独立董事薪酬的因素。

本章的研究表明，无论是在一定地理范围内、同行业里或一定规模上，上市公司在外部独立董事薪酬决定上均存在显著的“互相看齐”效应，即出现向地理上的中间距离、同一或相关行业或中等规模公司看齐的现象。具体而言，本章发现在地理区域之间外部独立董事的薪酬存在“互相看齐”效应，即在一定地理范围内，我国上市公司外部独立董事薪酬正向显著地受到其他公司外部独立董事的薪酬高低的影响，并且随着地理距离的扩大，其他公司支付给独立董事的薪酬对自身独董薪酬的影响呈现出先增强后减弱的趋势；同行业之间的外部独立董事薪酬也存在“互相看齐”效应，即我国上市公司外部独立董事薪酬显著受到了同行业内其他公司外部独立董事薪酬的影响；同规模之间的外部独立董事薪酬也存在“互相看齐”效应，即我国上市公司外部独立董事薪酬显著受到了同规模组中其他公司外部独立董事薪酬的影响。此外，对“看齐头羊”效应的检验结果同时表明，我国上市公司在外部独立董事薪酬决定上也存在相互看齐，即“头羊”和“非头羊”会互相看齐，但“头羊”向“非头羊”看齐的现象大于“非头羊”向“头羊”看齐的现象，出现向中间看齐的现象。这既与我们在现实生活中外部独立董事薪酬所观察到的实际现象相吻合，也符合中国传统哲学在利益分配上的中庸思想。

第二节　理论分析与假设提出

人类社会中的群体虽然是由各式各样的个体所组成，但是个体的行为却经常表现出惊人的一致。社会心理学将此类屈服于群体、模仿他人行为的做法称为“从众”(Conformity)。Myers(2005)把从众定义为：个人受他人的影响，根据他人而做出的行为或者信念的改变。社会心理学的相关试验(Shelif，1935，1937)均证实从众心理和行为均广泛存在于社会中。社会心理学认为，一个人可能屈服于群体的原因有两个：①想被群体接纳及免遭群体排除在外；②希望获得重要信息。经济学和金融学借鉴了社会心理学对从众心理的研究成果，用以研究金融市场中和经济决策中的群体性行为收敛现象，称为羊群行为(Herding Behavior)。受到社会心理学对从众心理产生的规范效应和信息效应两个原因的启发，羊群行为也分为两类——基于信息而产生的羊群行为(信息层叠模型)和基于声誉问题而产生的羊群行为(声誉模型)①。在信息层叠理论中，Bikhchandani、Hirshleifer 和 Welch (1992)提出，当一个人能够观察到前人行为并放弃自己的信息跟随别人的选择，如果这对他个人而言是最优选择时，信息层叠就会发生。与信息层叠的研究视角不同，声誉理论主要从当事人的声誉角度来研究管理者的羊群行为。Zwiebel(1995)则指出，那些追随行业标准保守行事的公司管理者往往能够得到较准确的评价，而那些敢于创新的管理者却很难得到正确的评价，所以，声誉上的考虑会导致管理者避免偏离羊群，管理者反而愿意选择次优但符合标准的行为，让市场可以找到一个评价他们的基准。

从实证检验上来看，"互相看齐"和"看齐头羊"还可以从近期关于不同地理位置对公司治理的影响的研究文献里得到证实。例如 Bouwman(2012)研究了地理位置对公司高管薪酬的影响作用。他的研究结果表明，在控制高管年龄、任期、公司规模、成长机会和业绩表现等情况下，一个公司的高管薪酬与方圆 100 千米或 250 千米范围内其他公司的高管薪酬具有相当显著的相关关系。Bouwman(2012)指出，公司高管薪酬之所以会受到地理位置因素的影响，不一定是当地劳动力市场的竞争结果，反倒极有可能是处于同一行业、类似规模或地理位置相近的公司高管之间互相看齐的结果。为此，Bouwman(2012)以销售额或总市值位居前三位的公司作为"头羊"，研究这些公司高管薪酬是否能对其他地理位置相邻公司的高管平均薪酬水平产生"看齐头羊"的效应，虽然 Bouwman(2012)的研究不支持社会互动理论对于高管薪酬"看齐头羊"效应的解释，但他的实证检验结果却表明，一家公司高管的薪酬与其他总部位于 100 千米或 250 千米之内的公司高管的平均薪酬水平之间存在相当显著的正相关关系，说明地理位置是决定公司高管薪酬的重要因素之一，地理位置相近公司高管之间的看齐是造成地理位置对高管薪酬产生影响的重要原因之一。

外部独立董事薪酬的决定可能是由于"互相看齐"，而"互相看齐"来自

① 关于金融市场上的羊群行为还有第三种推断——基于薪酬结构而产生的羊群行为，这些研究主要针对分析师展开。但是由于在上市公司中，不同公司管理者之间的薪酬的关系与证券分析师之间的关系有很大的区别，本书没有涉及这部分研究。

于信息不对称理论中的羊群行为。根据羊群理论（Shelif，1935，1937；Banerjee，1992；Welch，1992；Bikhchandani、Hirshleifer and Welch，1992；Sharfstein and Stein，1990），在现实生活的很多决策活动中，公司管理者并不总是根据自己的判断行事，而常常采取追随群体或模仿他人行为的做法。例如，当企业面临捐赠多少的问题时，记者采访企业时得到的答复往往是，参照同行业其他企业的捐款标准①。又比如，唐清泉和罗党论（2006）的调查问卷显示，有56%的独立董事认为关于独立董事领取的津贴等报酬，比较合理的确定方法是"参照公司规模和同行业公司的标准"。中国独立董事制度的引入是典型的模仿欧美成熟资本市场的治理模式，但由于我国独特的制度背景导致独立董事劳动力市场不完全、声誉机制得不到有效发挥，因而独立董事的薪酬契约制定可能更加依赖外部的参考标准，即我国独立董事薪酬的决定上呈现出更强的"互相看齐"效应。在这种特殊的背景下，企业无法识别独立董事能力的高低，独立董事的价值很难在薪酬上得到反映，因而造成图4-3中的薪酬"趋同集中"的现象。因此，独立董事薪酬之间的这种"互相看齐"效应可能是在独立董事劳动力市场不完全和声誉机制失效状态下的一种次优选择。所谓"互相看齐"是指地理位置相邻（或者同行业、同规模）的公司管理层相互间会进行经常性的社交活动，高管的薪酬在社交活动中常常是彼此间乐于讨论的话题之一，其信息不对称程度减小，而这种讨论的结果会使企业在给高管制定薪酬时彼此模仿或相互看齐的现象。因此，公司董事会在制定薪酬时会考虑到同一行业、类似规模和地理相邻公司董事的薪酬水平（Bizjak、Lemmon and Nguyen，2011）。同一行业、类似规模和地理相邻这三种"互相看齐"的标准，也可作为薪酬参照点理论中的参照基准（李维安、刘绪光和陈靖涵，2010；徐细雄和谭瑾，2014）。前文已经从直观的角度展示了外部独立董事薪酬与公司绩效的弱相关性，那么，在无绩效考核的情形下，公司外部独立董事

① 本新闻来自新浪财经的报道，转载自金陵晚报，报道时间为2013年05月02日，具体网址如下：http：//finance. sina. com. cn/stock/data/20130502/093915327480. shtml。

薪酬的决定就极有可能受到地理距离临近的其他公司的影响。因此，本章提出假设 4-1。

假设 4-1　外部独立董事薪酬的决定存在向一定地理距离范围内其他公司看齐的现象。

除去地理因素外，相关文献均表明，行业也是影响公司高管薪酬和公司绩效的重要因素之一(Nickell，1996；Porac，Wade，and Pollock，1999；Jin，2002；Ruefli and Wiggins，2003)。此外，在相关研究文献里，公司规模大小会影响到公司高管的薪酬(Lambert，Larcker and Weigelt，1991；Gaver and Gaver，1993；Zhou，2000；Linn and Park，2005；Brick，Palmon，and Wald，2006)。

而行业的影响因素和规模的影响因素与地理距离的影响因素并不重叠，因此，为了更好地展示地理距离的因素对独立董事薪酬决定的影响，本章在对上述两个主要的影响因素进行控制后，进一步检验在控制了行业和规模的影响因素之后，地理距离是否依然对外部独立董事薪酬的决定产生了影响。因此，本章提出分别控制行业和规模影响的子假设 4-1a 和假设 4-1b。

假设 4-1a　在控制了行业影响后，外部独立董事薪酬的确定依然存在地理距离上的“互相看齐”的现象。

假设 4-1b　在控制了规模影响后，外部独立董事薪酬的确定依然存在地理距离上的“互相看齐”的现象。

而中国外部独立董事薪酬的“互相看齐”有两种可能的结果：一种是向领导者的看齐，即“看齐头羊”；另一种是向中间者的看齐，即“中庸之道”。所谓“看齐头羊”是“互相看齐”的一种结果，指若干家在行业处于领先或规模较大的公司常常习惯于在各类事件中充当“头羊”，其公司行为往往会对左邻右舍的行为产生影响，但其本身的行为又不会受到其他公司的左右。在公司薪酬政策上，这类“头羊”公司的董事薪酬水平经常会成为其他地理位置相邻公司制订类似薪酬的基准(Murphy，Shleifer，and Vishny，1993；Kedia and Rajgopal，2009)。

西方学者有关“看齐头羊”的研究中，能作为头羊的一般为高声誉的公司、分析师或者规模较大的公司（Graham，1999；Hong，Kubik and Solomon，2000）。例如 Graham（1999）在衡量“头羊”分析师的声誉时采用了两种方式，一种是用哑变量来表示，即分析师的投资通讯是否在 1980 年 6 月之前被选入《休伯特金融摘要》，是则代表具有高的声誉，为头羊；另一种方法则是赋予“头羊”和“非头羊”不同的初始值，然后再分别进行调整。而 Hong、Kubik 和 Solomon（2000）则在对证券分析师声誉的衡量时引入了分析师的“职业生涯考虑”，他们直接采用分析师从业是否超过 3 年作为哑变量来衡量分析师的声誉和职业生涯。综上所述，“看齐头羊”很可能也存在于外部独立董事薪酬的“互相看齐”现象中，因此，本章提出假设 4-2a。

假设 4-2a　外部独立董事薪酬的决定存在“看齐头羊”的现象。

另一方面，我国独特的文化制度背景，特别是儒家文化，也可能是影响公司独立董事薪酬决定的重要因素。而所谓“中庸之道”是“互相看齐”的另一种可能结果，指向中间者的看齐，是我国传统文化中的“木秀于林，风必摧之；堆出于岸，流必湍之；行高于人，众必非之”作用的结果，实则也是互相看齐嫉妒导致的中庸和无为。从古已有之的儒商文化，到近年来逐渐丰富的有关儒家文化对公司财务行为影响的文章，儒家文化早已通过对人的影响而沁入到公司行为中。例如，Low 和 Ang（2012）的研究发现，儒家思想的领导艺术可以促进企业社会责任的履行。而郑裕正（2013）运用儒家思想对企业经营管理提出了建议，他认为“中行”或“执两用中”是渗透到企业管理各方面的一种理念。Du（2015，2016）的研究则发现，儒家文化可以削弱我国大股东侵占小股东利益的代理问题，另一方面，儒家文化业降低了我国董事会中女性成员的比例。古志辉（2015）的研究证实，在全球化的背景下，儒家伦理可以降低企业的代理成本，提高代理效率，但这种关系会被企业的全球化进程削弱。中庸之道是儒家思想的重要组成部分，“执两用中”是中庸之道据以理论的基本法则。“执两用中”出自《中庸》，并非简单的折中主义，而是指一切事物皆有其自身规律，处事时需掌握分寸，过犹不及。东篱子在对中庸的解读中认为大智慧者方可“执两用中”，而“执两用中”乃杰出的领导艺术。另一方面，李康所著的《运命论》中为世人熟知的“木秀于林，风必摧之；堆出于岸，流必湍之；行高于人，众必非之”的论断，正是反映了我国传统思想下的看齐乃至嫉妒的一种结果。所以企业在经营决策中保持低调，舍弃“看齐头羊”而选择“中庸之道”或许是在我国传统文化影响下，企业在外部独立董事薪酬决定中一种理性的决策。基于此，本章提出另一个对立假设。

假设 4-2b　外部独立董事薪酬的决定存在“中庸之道”的现象。

第三节　研究设计

一、样本选择与数据来源

本章选取 2005—2014 年间中国 A 股上市公司为样本。所采用的数据主要来自三个来源，其中上市公司外部独立董事薪酬、公司财务数据及相关的公司治理数据均来自于 CSMAR 数据库；公司注册地信息来自于 RESSET 金融研究数据库；各地级市人均 GDP 数据来自 CEIC 中国经济数据库。我们在样本里剔除了金融行业公司样本，最后共获得 12821 个样本。

二、检验设计

为了检验外部独董董事薪酬与企业绩效的敏感性，本章分别构建了如下两个模型：

$$LnCompensation_{i,t} = \alpha_0 + \alpha_1 ROA_{i,t-1} + \alpha' \Sigma Controls_{i,t-1} + IndustryDummy + YearDummy + \varepsilon \tag{4-1}$$

$$\Delta LnCompensation_{i,t} = \alpha_0 + \alpha_1 \triangle ROA_{i,t-1} + \alpha' \Sigma Controls_{i,t-1} + IndustryDummy + YearDummy + \varepsilon \tag{4-2}$$

为了检验外部独立董事薪酬之间的“互相看齐”和“看齐头羊”的效应，本章分别构建如下三个模型：

$$LnCompensation_{i,t} = \alpha_0 + \alpha_1 LnAvgN_{i,t-1} + \alpha'\Sigma Controls_{i,t-1} + IndustryDummy + YearDummy + \varepsilon \quad (4\text{-}3)$$

$$LnCompensation_{i,t} = \alpha_0 + \alpha_1 LnAvgIndustry_{i,t-1} + \alpha'\Sigma Controls_{i,t-1} + IndustryDummy + YearDummy + \varepsilon \quad (4\text{-}4)$$

$$LnCompensation_{i,t} = \alpha_0 + \alpha_1 LnAvgN_{i,t-1} + \alpha_2 LnAvgIndustry_{i,t-1} + \alpha'\Sigma Controls_{i,t-1} + IndustryDummy + YearDummy + \varepsilon \quad (4\text{-}5)$$

三、变量说明

(一)外部独立董事薪酬

外部独立董事薪酬通常包括基薪、奖金、其他长期激励计划以及相关年度的期权。不过，在我国，由于我国大部分上市公司没有实施长期激励计划和期权，因此本章采用 Aggarwal 和 Samwick(1999)所提出的中短期薪酬概念作为衡量董事薪酬的标准，即外部独立董事薪酬主要包括基薪、奖金和其他津贴。根据中国证监会于 2005 年 12 月 15 日发布的《公开发行证券的公司信息披露内容与格式准则第 2 号——年度报告的内容与格式(2005 年修订)》第二章第五节的规定，高管个人年收入成为年度报告里强制披露的内容之一。所有上市公司必须披露每一位现任董事、监事和高管在报告期内所获得的现金薪酬(包括基本工资、各项奖金、福利、补贴、住房津贴及其他津贴)。据上所述，本章所称的外部独立董事薪酬指上市公司外部独立董事个人在报告期里所取得的、包括基本工资、各项奖金、福利、补贴、住房津贴及其他津贴在内的现金薪酬。表 4-1 给出了样本公司独立董事薪酬及其构成的描述性数据，其中平均持股数表示每家公司所有独董平均持股的数量，总持股数表示每家公司所有独董持股的总和。数据表明，我国上市公司外部独立董事薪酬主要以津贴为主。

表 4-1 我国独立董事薪酬构成

	平均值	中位数	标准差	最小值	下四分位数	上四分位数	最大值	样本数
薪酬总额（元）	55774	50000	28794	11500	36450	62750	180000	12821
津贴金额（元）	55711	50000	28727	11465	36383	62500	180000	12821
平均持股数	197	0	2904	0	0	0	147333	12821
总持股数	766	0	10841	0	0	0	482587	12821

（二）地理距离上“互相看齐”的衡量

地理区域里的“互相看齐”现象，指地理位置相邻的公司高管董事相互间在绩效、薪酬等方面相互竞争、相互比较的现象。根据现有研究文献所提供的方法（Coval and Moskowitz，2001；Ivkovic and Weisbenner，2005；Kang and Kim，2008；Uysal，Kedia，and Panchapagesan，2008；Bouwman，2012），我们可以地理位置的远近来衡量这一现象。首先，我们从 RESSET 金融研究数据库里获得每家样本公司注册地信息。同时为确保信息变更的准确性，我们以手工方式从公司上市招股说明书、公司公告或公司网站进行验证。其次，通过 google 地图确认每家公司注册地所在城市的地理纬度和经度。第三，以每家公司注册地城市为中心，我们分别划定 50 千米、100 千米、150 千米、200 千米、250 千米和 300 千米为该公司注册地城市的方圆范围。第四，通过 Haversine 公式分别计算处在同一方圆范围内每家公司注册地所在城市与其他公司所在城市的距离。Haversine 公式以两个城市的经纬度来计算它们之间的地理距离。设 a_1 和 b_1（a_2 和 b_2）分别为以弧度表示的两个城市之间的，r 表示地球的半径（约 6370996.81 米），则 Haversine 公式如模型（4-6）所示：

$$d(a,\ b)=arccos\{cos(a_1)cos(a_2)cos(b_1)cos(b_2)+cos(a_1)sin(a_2)cos(b_1)sin(b_2)+sin(a_1)sin(b_1)\}r \tag{4-6}$$

第五，分别辨识出处在同一方圆范围内的所有其他公司注册地及其所在城市。最终确定公司注册地同处于 50 千米、100 千米、150 千米、200 千米、250 千米和 300 千米方圆范围内的样本观测组。最后，通过考察不同地理位置公司外部独立董事薪酬是否因地理位置的不同而出现差异或趋同现象，由此验证公司外部独立董事薪酬决定上是否存在地理区域上的“互相看齐”现象。

对于地理区域参照基准的选择，以往的研究中有两种方法，既可以选择直接以行政区划作为度量标准，也可以选择如前文所述的将地理位置的远近即地理距离作为度量标准。第一种度量方式直接以省(或地级)作为划分标准，最明显的优势在于计算简单，直接将位于同一省(或同一地级)的上市公司独立董事薪酬求平均值即可。Hilary 和 Hui(2009)在研究宗教信仰对美国企业决策影响时，采用的就是美国县级层面(county-level)的宗教信仰人数占全县人口数百分比的数据。第二种度量方式则采取地理距离，对每一家企业单独以某个固定的距离(比如 100KM)作为半径画圈，对被圈入的其他企业独董薪酬求平均值。采用地理距离具有以下三点优势：首先，地理位置的远近相对于行政区划更纯粹，即只考虑地理距离效应(distance effect)对我国外部独立董事薪酬的影响，因而地理距离可以跳出同一行政区划可能带来的政治和文化等因素的影响(Grinblatt and Keloharju, 2001)；其次，地理距离的划分方式具有较高的弹性，既可以选择短距离(50KM)的参照标准，也可以选择远距离(300KM)的参照标准。也正因为这种弹性的存在，使得我们比较不同距离的影响程度才具备了可能性；最后，地理距离的度量方式更能捕捉到位于行政区划交界处的企业的真实情况。以省级行政区划为例，各省的形状不规则、面积差距大并且上市企业分布数量差异大，对处于两省甚至三省交界处的企业，采用行政区划的方式并不那么适用。而采用地理距离的方式，则每家企业都有一个独特的受其他企业影响的薪酬数值，可以归为企业层面的数据(firm-level)①。对于分别处于江苏省徐州市和江苏省苏州市的两家上市企业，如果采用第一种方法，则两者受周围其他企业的影响完全相同，但实际上，位于苏北的徐州市与山东的枣庄市和菏泽市、河南的永城市、安徽的宿州市在 100 千米的范围内紧邻，而位于苏南的苏州市则与上海市、浙江的湖州市和嘉兴市在 100 千米的范围内紧邻，由此可见第二种度量方式更能捕捉到两者的不同。由于我国的省级行政区划基本延续历史上固有的划分，所以各省形状均呈现不规则的几何形状，这就造成了相当一部分企业分布于多省份交界处附近。

此外，为了控制公司外部独立董事薪酬可能存在行业的“互相看齐”现象。我们首先确定每家公司所在的行业，根据行业属性将样本公司分为“同一行业”“相关行业”和“其他行业”。其中“相关行业”指公司所在的行业或与公司行业具有一定相关性的行业；“其他行业”指与公司所在行业相关性不强的行业。具体区分如下：根据证监会 2012 年颁布的行业代码分类。“同一行业”指与行业代码相同的行业，“相似行业”指行业代码首位字母一致的行业，但制造业需与代码前 2 位字符一致；其次，依

① 理论上每家公司的注册地不相同，这样采用地理距离的处理方法，就可以获得到公司层面的数据，但本书在权衡搜集整理数据的时间成本和提升的精度后，对公司注册地仅手工整理至地级市级别。尽管如此，由于本书主要的解释变量 AvgN(N 千米内其他上市公司独立董事的平均薪酬)表示的是以公司 i 为圆心，N 千米为半径的圆内所有其他上市公司支付给独立董事上一年度(t-1 年)的平均薪酬，并剔除了公司 i 上一年度(t-1 年)支付给独立董事的薪酬，所以对于同处一个圈中的公司，不论其是否同处一个地级市，都有一个自己独特的 AvgN(当然如果圈内某两家或多家企业支付给独立董事的薪酬相同，那么它们的 AvgN 则相同)。举一个简化的例子，对于同处天津市的两家上市公司 a 和上市公司 b，假设他们 2010 年支付给各自独立董事的薪酬分别为 40000 元和 60000 元，而以天津市为圆心、N 千米为半径的圆中一共有 41 家上市公司，圆中 41 家企业平均支付给独立董事的薪酬为 50000 元，则公司 a 在 2011 年的 AvgN 为 50250((50000∗41-40000)/(41-1))元，而公司 b 在 2011 年的 AvgN 为 49750((50000∗41-60000)/(41-1))元，两者并不相同。所以本书中同年度同地级市的不同公司的 AvgN 并非全部一样。

次分别构建相关的样本组。另一方面，为了控制公司规模上可能存在的“互相看齐”现象，我们将样本公司按规模分为五等份，参照前述地理位置的处理方法，分别考察不同规模样本组里，外部独立董事薪酬的相互关系。

(三)“头羊”的衡量

在“看齐头羊”效应的衡量里，最重要是如何确定“头羊”。而对“头羊”的确定可以借鉴西方学者对分析师声誉的衡量方法(Graham，1999；Hong，Kubik and Solomon，2000)。借鉴上述文献的方法和思路，本章以公司注册地所在同一个省份，规模为全省前20%的企业为大规模企业，企业规模为全省前40%~60%的为中等规模企业。一般而言，规模较大的企业在地区经济里占有较重要的地位和较大的市场比重，具有较高的声誉，在就业市场上对包括外部独立董事和高管的职业选择来说也具有较高的吸引力。同时规模较大的企业也具有相对健全、较为规范的考核体系，其高管董事薪酬决定往往在区域内具有一定的代表性，能起到示范效应。

(四)控制变量

在以往的研究文献里，影响董事薪酬的因素还可能包括公司业绩、公司规模、杠杆率、企业现金流、董事会规模、董事会会议次数、独立董事比例、两职合一(Jensen and Murphy，1990；Ryan and Wiggins，2004；Linn and Park，2005；Brick，Palmon，and Wald，2006；Ertugrul and Hegde，2008)；结合我国企业的特征，国内学者还增加了包括股权集中度以及产权性质等在内的控制变量(杜胜利和张杰，2004；杨青、高铭和 Yurtoglu，2009；方军雄，2011)；另外为了控制区域经济发展水平对薪酬的影响，本章还采用了各地级市的国内生产总值(GDP)作为相应的控制变量。具体各变量的定义及描述参见表4-2。

表 4-2 **变量定义表**

变量	说明
Compensation	独立董事薪酬，公司支付给独立董事的平均津贴
AvgN	N 千米内其他上市公司独立董事的平均薪酬，直线距离 N 千米以内的所有上市公司支付给独立董事上一年度(t-1 年)的平均薪酬，剔除了该公司自己上一年度(t-1 年)支付给独立董事的薪酬
AvgIndustry1	"同一行业"的平均薪酬，以证监会 2012 年的行业代码完全一致为"同一行业"
AvgIndustry2	"相关行业"的平均薪酬，"相关行业"指与企业行业代码首位字母一致的行业，但制造业需与代码前 2 位字符一致，行业代码为证监会 2012 年行业代码
AvgIndustry3	"其他行业"的平均薪酬，"其他行业"指与企业行业代码首位字母不同的行业，但制造业需与代码前 2 位字符不同，行业代码为证监会 2012 年行业代码
Size	公司资产规模
Leverage	资产负债率
LnCash	企业期末持有现金的对数
ROA	资产收益率
BoardSize	董事会规模，指董事会总人数
IndRatio	独立董事人数在董事会中的比例
BoardMeeting	董事会议次数
Duality	总经理董事长是否兼任，兼任为 1，否则为 0
Big	第一大股东持股比例
GDP	公司注册地所在地级市的人均 GDP
SOE	公司性质，民企为 1，国企为 0

第四节　实证结果及分析

一、描述性统计

为了消除极端值的影响，本章对主要连续变量进行了1%的Winsorize处理。表4-3报告了样本公司在观测区间内的独立董事薪酬的基本情况、从50千米到300千米范围内除自身外其他上市公司独董薪酬的平均值、“相似行业”所有独董薪酬的平均情况以及各控制变量的情况。从表4-3中可以看到，外部独立董事薪酬的平均值与中位数比较接近，与企业其他高管薪酬的中位数与均值分离的情况不同，侧面反映出“天价薪酬”的情况在独立董事中并不多见。以企业所在地级市为中心，方圆50千米到300千米范围内其他上市公司独立董事的平均薪酬的分布比较相似，平均值与中位数均集中在5.5万元左右，这与本章开篇罗列的薪酬散点图分布的情况吻合。其他变量如产权性质SOE的均值为0.51，中位数为1，表明近年来民企数量大幅上升已超过国企，这与我国的实际情况吻合。

表4-3　　**描述性统计表**

变量	均值	中位数	方差	最小值	最大值	样本量
Compensation(元)	55778.75	50000.00	28797.74	11500.00	180000.00	12821
Avg50(元)	54125.43	54033.35	12601.54	13500.00	125600.00	12821
Avg100(元)	54182.73	54540.79	11498.52	18750.00	125600.00	12821
Avg150(元)	54144.75	54598.82	10842.89	20063.81	128933.34	12821
Avg200(元)	54156.68	54325.71	10224.00	21833.33	112325.00	12821
Avg250(元)	54042.09	54634.72	9972.80	24131.52	103050.00	12821
Avg300(元)	54193.21	54925.78	9542.57	24131.52	86218.75	12821
AvgIndus1(元)	54475.44	52967.14	8003.62	41816.66	148448.44	12821
AvgIndus2(元)	54466.87	52833.86	6004.00	45011.32	78574.00	12821

续表

变量	均值	中位数	方差	最小值	最大值	样本量
AvgIndus3(元)	54786.39	55166.36	519.44	53613.70	55246.82	12821
Asset(亿元)	66.87	21.53	164.34	1.59	1309.88	12821
Leverage	0.46	0.47	0.22	0.05	0.99	12821
Cash(亿元)	8.73	3.53	18.34	0.01	138.65	12821
ROA	0.04	0.04	0.06	-0.26	0.20	12821
BoardSize	9.02	9.00	1.82	5.00	15.00	12821
IndRatio	0.37	0.33	0.05	0.29	0.57	12821
BoardMeeting	8.95	8.00	3.34	4.00	21.00	12821
Duality	0.21	0.00	0.41	0.00	1.00	12821
Big	0.37	0.35	0.15	0.09	0.75	12821
GDP(亿元)	6399.41	4360.90	5644.06	121.91	21602.00	12821
SOE	0.51	1.00	0.50	0.00	1.00	12821

二、回归结果与分析

(一)地理区域之间的“互相看齐”效应

从表4-4中我们可以发现，在一定地理范围内，样本公司外部独立董事薪酬正向显著地受到其他公司外部独立董事的薪酬高低的影响。随着地理距离的扩大，例如从50千米扩大到300千米的过程中，其他公司支付给独立董事的薪酬对自身独董薪酬的影响呈现出先增强后减弱的趋势，两者的相关系数逐步提高，在150千米时的影响为最大，随后两者的相关系数开始减小。说明外部独立董事薪酬存在地理区域之间“互相看齐”的现象。但“互相看齐”受一定地理位置所影响。超出一定的地理范围，这种影响会逐步的减弱。

表 4-4　　地理区域之间"互相看齐"效应的检验结果

	(1)	(2)	(3)	(4)	(5)	(6)
被解释变量：LnCompensation						
LnAvg50	0.308***					
	(8.39)					
LnAvg100		0.341***				
		(7.44)				
LnAvg150			0.387***			
			(7.75)			
LnAvg200				0.356***		
				(6.75)		
LnAvg250					0.348***	
					(6.30)	
LnAvg300						0.357***
						(5.89)
Size	0.100***	0.102***	0.101***	0.101***	0.101***	0.101***
	(7.60)	(7.84)	(7.78)	(7.69)	(7.64)	(7.63)
Leverage	-0.013	-0.011	-0.010	-0.007	-0.005	-0.007
	(-0.24)	(-0.22)	(-0.20)	(-0.13)	(-0.09)	(-0.13)
LnCash	0.029***	0.028***	0.028***	0.028***	0.028***	0.028***
	(3.76)	(3.59)	(3.59)	(3.53)	(3.56)	(3.54)
ROA	0.462***	0.460***	0.480***	0.476***	0.480***	0.476***
	(5.69)	(5.74)	(6.03)	(5.94)	(5.94)	(5.85)
BoardSize	0.012**	0.013**	0.013**	0.013**	0.013**	0.013**
	(2.24)	(2.32)	(2.39)	(2.35)	(2.36)	(2.38)
IndRatio	0.375***	0.383***	0.386***	0.405***	0.407***	0.405***
	(2.64)	(2.70)	(2.71)	(2.82)	(2.82)	(2.80)

续表

	(1)	(2)	(3)	(4)	(5)	(6)
被解释变量：LnCompensation						
BoardMeeting	0.008***	0.007***	0.007***	0.007***	0.007***	0.007***
	(3.49)	(3.28)	(3.31)	(3.33)	(3.30)	(3.34)
Duality	0.017	0.018	0.016	0.019	0.018	0.017
	(1.14)	(1.18)	(1.08)	(1.21)	(1.15)	(1.11)
Big	-0.037	-0.041	-0.038	-0.046	-0.046	-0.045
	(-0.83)	(-0.92)	(-0.87)	(-1.01)	(-1.01)	(-1.00)
LnGDP	0.036***	0.037***	0.038***	0.044***	0.047***	0.050***
	(3.75)	(3.86)	(4.04)	(4.99)	(5.29)	(5.71)
SOE	0.103***	0.101***	0.098***	0.095***	0.095***	0.093***
	(5.64)	(5.63)	(5.51)	(5.28)	(5.27)	(5.18)
Constant	3.240***	2.847***	2.364***	2.512***	2.527***	2.368***
	(8.95)	(6.59)	(4.94)	(4.76)	(4.53)	(3.97)
Industry	Yes	Yes	Yes	Yes	Yes	Yes
Year	Yes	Yes	Yes	Yes	Yes	Yes
Adj R2	0.255	0.254	0.255	0.251	0.250	0.249
N	12821	12821	12821	12821	12821	12821

注：* $p<0.1$，** $p<0.05$，*** $p<0.01$

(二)考虑行业影响后地理距离上的“互相看齐”效应

表4-5列出了控制行业影响后地理距离上的“互相看齐”效应的检验结果，从表4-5的第(1)列中，我们可以看到，样本公司外部独立董事的薪酬显著受到了“同一行业”内其他公司外部独立董事薪酬的影响，其系数为0.580，在1%的统计水平上显著，但主要的解释变量LnAvg200依然在1%的统计水平上显著。从表4-5第(2)列的结果来看，样本公司外部独立董事的薪酬也一定程度的受到了“相关行业”公司外部独立董事薪酬的影响，尽

管 LnAvgIndus2 并不显著，但其 t 值已达到 1.6，接近 10%的统计水平。而最关注的主要的解释变量 LnAvg200 依然在 1%的统计水平上显著。而从第(3)列的检验结果中，我们可以发现，公司外部独立董事薪酬与“其他行业”外部独立董事薪酬的参数估计值分别为-0.089，在统计水平上并不显著，说明公司外部独立董事薪酬不受“其他行业”公司外部独立董事薪酬的影响，但主要的解释变量 LnAvg200 依然在 1%的统计水平上显著。综合上述结果，假设 4-1a 在此得到验证。

表 4-5　　控制行业后“互相看齐”效应的检验结果

	(1)	(2)	(3)
被解释变量：LnCompensation			
LnAvg200	0.352***	0.355***	0.356***
	(6.73)	(6.74)	(6.75)
LnAvgIndus1	0.580***		
	(6.38)		
LnAvgIndus2		0.233	
		(1.60)	
LnAvgIndus3			-0.089
			(-0.04)
Size	0.095***	0.101***	0.101***
	(7.41)	(7.68)	(7.74)
Leverage	0.008	-0.006	-0.007
	(0.16)	(-0.11)	(-0.13)
LnCash	0.028***	0.028***	0.028***
	(3.66)	(3.51)	(3.52)
ROA	0.487***	0.478***	0.476***
	(5.99)	(5.97)	(5.94)
BoardSize	0.013**	0.013**	0.013**
	(2.34)	(2.36)	(2.36)

续表

	(1)	(2)	(3)
被解释变量：LnCompensation			
IndRatio	0.395***	0.404***	0.405***
	(2.80)	(2.81)	(2.82)
BoardMeeting	0.007***	0.007***	0.007***
	(3.35)	(3.33)	(3.33)
Duality1	0.018	0.018	0.019
	(1.22)	(1.19)	(1.21)
Big	-0.061	-0.046	-0.046
	(-1.40)	(-1.03)	(-1.01)
LnGDP	0.042***	0.044***	0.044***
	(4.83)	(4.99)	(4.99)
SOE	0.090***	0.095***	0.095***
	(5.07)	(5.29)	(5.28)
Constant	-3.482***	0.036	3.485
	(-3.42)	(0.02)	(0.13)
Industry	Yes	Yes	Yes
Year	Yes	Yes	Yes
Adj R2	0.261	0.251	0.251
N	12821	12821	12821

注：* $p<0.1$，** $p<0.05$，*** $p<0.01$

(三)考虑规模影响后地理距离上的“互相看齐”效应

为了检验控制规模后的“互相看齐”效应，我们将样本公司按资产规模五等分，从第(1)组到第(5)组按规模由小到大排列。表4-6列示了200千米范围内，其他公司外部独立董事的平均薪酬是否影响到了公司自身对外部独立董事薪酬决定的检验结果，从表4-6中我们发现，随着规模的逐步增大，各样本组的外部独立董事薪酬均受到了周围 200 千米范围内规模相似样本公司的影响，而且这种对同规模的“互相看齐”在中等偏大规模组(第(4)列)的公司中表现得最为明显，参数估计值分别达到 0.460，在 1% 的统计水平上显著为正。而小规模公司的“互相看齐”现象最小。这表明公司外部独立董事薪酬的决定在不同规模组的影响中，地理距离上的“互相看齐”现象依然存在，且地理距离上的“互相看齐”现象在中等规模的公司里最为明显。综上所述，支持了假设 4-1b。

表 4-6　**规模之间“互相看齐”效应的检验结果(1)(以 200 千米为例)**

	(1)	(2)	(3)	(4)	(5)
被解释变量：LnCompensation					
LnAvg200	0.242**	0.346***	0.342***	0.460***	0.442***
	(2.21)	(4.27)	(3.32)	(3.77)	(3.54)
Size	-0.023	0.064	0.088*	0.144***	0.168***
	(-0.84)	(1.62)	(1.73)	(3.17)	(7.21)
Leverage	0.009	-0.061	0.004	-0.007	-0.154
	(0.15)	(-0.89)	(0.05)	(-0.06)	(-1.18)
LnCash	0.041***	0.013	0.045***	0.029	0.017
	(3.45)	(1.14)	(3.94)	(1.40)	(0.98)
ROA	0.202**	0.657***	0.731***	1.266***	0.376
	(2.05)	(3.06)	(2.90)	(4.74)	(1.02)
BoardSize	0.010	0.011	0.007	0.006	0.015
	(1.12)	(1.24)	(0.79)	(0.69)	(1.45)
IndRatio	-0.142	0.477*	-0.014	0.155	0.928**
	(-0.55)	(1.93)	(-0.06)	(0.54)	(2.47)
BoardMeeting	0.008**	0.008***	0.008**	0.011***	0.003
	(2.49)	(3.08)	(2.31)	(2.76)	(0.82)
Duality	-0.013	-0.000	0.055**	0.004	0.067
	(-0.36)	(-0.01)	(2.03)	(0.11)	(1.45)

续表

	(1)	(2)	(3)	(4)	(5)
被解释变量：LnCompensation					
Big	-0.102	0.029	0.009	-0.084	-0.174
	(-1.25)	(0.34)	(0.11)	(-1.13)	(-1.64)
LnGDP	0.025	0.048***	0.037***	0.042**	0.047***
	(1.58)	(3.00)	(2.60)	(2.35)	(2.65)
SOE	0.088***	0.087***	0.083***	0.100***	0.116***
	(2.95)	(3.37)	(3.20)	(3.35)	(3.28)
Constant	6.735***	3.606***	2.994**	0.554	0.046
	(6.09)	(3.01)	(2.42)	(0.36)	(0.04)
Industry	Yes	Yes	Yes	Yes	Yes
Year	Yes	Yes	Yes	Yes	Yes
Adj R2	0.157	0.160	0.159	0.138	0.243
N	2565	2564	2564	2564	2564

注：* $p<0.1$，** $p<0.05$，*** $p<0.01$

（四）"看齐头羊"与"中庸之道"效应的检验

在前述表4-6检验的基础上，我们进一步检验规模"互相看齐"效应，我们主要检验大规模公司和中等规模公司是否反过来在外部独立董事薪酬决定上受到了其他公司的影响。我们分别以公司规模居全省前20%为大规模公司，公司规模居全省前40%~60%为中等规模公司进行相关检验。检验结果见表4-7，其中的主要解释变量LnAvg200在此的含义并不完全相同，第(1)列和第(2)列中它表示200千米范围内除去所在省份规模前20%以外的其他公司支付给外部独立薪酬的平均值，第(3)列和第(4)列中它表示200千米范围内除去所在省份规模前40%~60%以外的其他公司支付给外部独立薪酬的平均值。从实证检验结果上来看，我们发现不论是否控制行业内的"互相看齐"，大规模公司外部独立董事的薪酬均显著受到了其他公司外部独立董事薪酬的影响，其系数均大于表4-6中相对应的系数；而中等规模公司外部独立董事薪酬基本上未受到其他企业外部独立董事薪酬的影响。综合以上结果，我们发现，规模上“互相看齐”现象并非存在于大规模的公司中，而是存在于中等规模的公司中。检验结果更符合中国“中庸之道”假设，假设 4-2b 得到支持。

表 4-7 “中庸之道”效应的检验结果

	(1)	(2)	(3)	(4)
	大规模公司(前 20%)		中等规模公司(40%~60%)	
被解释变量：LnCompensation				
LnAvg200	0.591***	0.585***	0.168	0.166
	(4.11)	(4.08)	(1.54)	(1.53)
LnAvgIndus		0.436		1.141**
		(1.55)		(2.17)
Leverage	0.024	0.026	-0.049	-0.053
	(0.19)	(0.20)	(-0.60)	(-0.66)
LnCash	0.102***	0.102***	0.054***	0.054***
	(5.71)	(5.73)	(3.90)	(3.88)
ROA	0.201	0.195	0.538**	0.543**
	(0.51)	(0.49)	(2.02)	(2.05)
BoardSize	0.021*	0.021*	0.011	0.011
	(1.90)	(1.90)	(1.17)	(1.24)
IndRatio	1.226***	1.222***	0.214	0.225
	(3.19)	(3.19)	(0.79)	(0.83)
BoardMeeting	0.006*	0.006*	0.011***	0.011***
	(1.66)	(1.66)	(2.78)	(2.81)
Duality	0.047	0.047	0.027	0.026
	(0.89)	(0.89)	(0.77)	(0.75)

续表

	(1)	(2)	(3)	(4)
	大规模公司(前 20%)		中等规模公司(40%~60%)	
被解释变量：LnCompensation				
Big	-0.173	-0.174	0.106	0.103
	(-1.59)	(-1.61)	(1.24)	(1.21)
LnGDP	0.064***	0.064***	0.030*	0.030*
	(3.17)	(3.20)	(1.74)	(1.75)
SOE	0.047	0.049	0.067**	0.066**
	(1.15)	(1.20)	(2.01)	(1.98)
Constant	0.210	-4.503	6.476***	-5.718
	(0.15)	(-1.37)	(6.53)	(-1.01)
Industry	Yes	Yes	Yes	Yes
Year	Yes	Yes	Yes	Yes
Adj R2	0.242	0.242	0.145	0.148
N	2209	2209	1820	1820

注：$*p<0.1$，$**p<0.05$，$***p<0.01$

而为了更清楚地检验“看齐头羊”效应，本章参照 Graham(1999)的方法，选取样本期间内被选入《财富》中文版 500 强(或 100 强)的 A 股公司作为该地区的“头羊”。《财富》杂志自 1954 年开始推出全球 500 强排行榜。而《财富》中文版于 2001 年始推出中国上市公司 100 强排行榜，2010 年改为推出中国上市公司 500 强排行榜。由于我们的样本区间为 2005—2012 年，故在 2010 年以前以入选《财富》中文版 100 强排行榜里的 A 股公司作为“头羊”，而在 2010—2014 年间以《财富》中文版 500 强排行版中的 A 股公司作为“头羊”。上榜的 A 股公司分别为 2005 年 74 家，2006 年 62 家，2007 年 63 家，2008 年 70 家，2009 年 73 家，2010 年 363 家，2011 年 386 家，2012 年 379 家，2013 年 363 家，合计共 1833 家，剔除金融类及数据缺失 202 家，最终得到样本公司 1631 家。

表4-8给出“看齐头羊”效应的实证检验结果，其中表4-8里的第(1)列为关于“非头羊”公司外部独立董事薪酬决定是否受到“头羊”公司影响的检验结果；第(2)列为关于“头羊”公司外部独立董事薪酬决定是否受到“非头羊”公司影响的检验结果。实证检验结果显示，“非头羊”公司受到“头羊”公司影响的参数估计值和“头羊”公司受到“非头羊”公司影响的参数估计值分别为0.143和0.344。在1%的统计水平上均显著为正，说明在独立董事薪酬的决定上，500强的“头羊”和“非头羊”之间存在相互影响。有意思的是，“头羊”公司受到“非头羊”公司影响的参数估计值(0.344)要大于“非头羊”公司受到“头羊”公司影响的参数估计值(0.143)，说明在外部独立董事薪酬决定上，公司更多的是向“非头羊”看齐。本章的这一发现在一定程度上与Ross和Sharapov(2015)的研究结果是吻合的，他们从市场竞争的角度，发现市场领导者在即使不存在社会压力时，也会把模仿追随者行动作为一个有效的竞争策略。此结果与我们在检验规模上“互相看齐”的结果是相一致的，即公司不是以“头羊”或大规模的公司外部独立董事薪酬来决定其外部独立董事薪酬，而是看齐“非头羊”或中等规模公司外部独立董事的薪酬水平。检验结果更符合中国传统哲学在利益分配上的中庸思想。综合上述分析，对立假设4-2a没有得到支持，但假设4-2b得到了支持。

表4-8　**“看齐头羊”效应的检验结果**

	(1)	(2)
	“非头羊”是否受到“头羊”的影响	“头羊”是否受到“非头羊”的影响
被解释变量：LnCompensation		
LnLeader	0.143***	
	(5.95)	
LnNonLeader		0.344***
		(3.22)
Size	0.092***	0.183***
	(11.59)	(13.16)

续表

	(1)	(2)
	“非头羊”是否受到“头羊”的影响	“头羊”是否受到“非头羊”的影响
被解释变量：LnCompensation		
Leverage	-0.076***	-0.112
	(-2.74)	(-1.24)
LnCash	0.019***	-0.006
	(3.38)	(-0.58)
ROA	0.441***	1.051***
	(4.82)	(3.43)
BoardSize	0.009***	0.011*
	(2.85)	(1.83)
IndRatio	0.030	1.284***
	(0.29)	(6.32)
BoardMeeting	0.009***	0.003
	(5.84)	(1.00)
Duality	0.013	0.090**
	(1.13)	(2.53)
Big	0.058*	-0.227***
	(1.73)	(-3.23)
LnGDP	0.046***	0.068***
	(7.46)	(5.29)
SOE	0.087***	0.133***
	(7.59)	(4.70)
Constant	5.364***	0.819
	(18.82)	(0.76)
Industry	Yes	Yes
Year	Yes	Yes
Adj R2	0.157	0.265
N	7552	1631

注：(1) * $p<0.1$，** $p<0.05$，*** $p<0.01$

第五节　稳健性检验

为了进一步确认以上结果的可靠性，本章进行了以下两个方面的稳健性检验，总体上并未改变原有结论。

第一，前文以200千米为例检验了在控制行业影响后，中国外部独立董事薪酬是否依然存在地理距离上的“互相看齐”现象，为了进一步验证结论的可靠性，在此本章列示了控制行业影响后，在地理距离为300千米时的检验结果。从表4-9中可以观察到，不论是控制了同一行业，还是相关行业甚至不相关行业后，外部独立董事薪酬的决定依然存在地理距离上的“互相看齐”现象，与表4-5的结论保持了一致。

表4-9　　控制行业后“互相看齐”效应的稳健性检验

	(1)	(2)	(3)
被解释变量：LnCompensation			
LnAvg300	0.347***	0.356***	0.357***
	(5.79)	(5.88)	(5.90)
LnAvgIndus1	0.575***		
	(6.37)		
LnAvgIndus2		0.227	
		(1.55)	
LnAvgIndus3			-0.076
			(-0.03)
Size	0.095***	0.100***	0.101***
	(7.36)	(7.62)	(7.68)
Leverage	0.008	-0.006	-0.007
	(0.16)	(-0.11)	(-0.13)

续表

	(1)	(2)	(3)
	被解释变量：LnCompensation		
LnCash	0.028***	0.028***	0.028***
	(3.66)	(3.52)	(3.53)
ROA	0.487***	0.478***	0.476***
	(5.91)	(5.89)	(5.85)
BoardSize	0.013**	0.013**	0.013**
	(2.37)	(2.39)	(2.39)
IndRatio	0.395***	0.403***	0.405***
	(2.78)	(2.79)	(2.80)
BoardMeeting	0.007***	0.007***	0.007***
	(3.37)	(3.34)	(3.34)
Duality1	0.017	0.017	0.017
	(1.13)	(1.10)	(1.11)
Big	-0.061	-0.046	-0.045
	(-1.38)	(-1.02)	(-1.00)
LnGDP	0.048***	0.050***	0.050***
	(5.58)	(5.71)	(5.71)
SOE	0.089***	0.093***	0.093***
	(4.98)	(5.20)	(5.18)
Constant	-3.514***	-0.041	3.195
	(-3.45)	(-0.02)	(0.12)
Industry	Yes	Yes	Yes
Year	Yes	Yes	Yes
Adj R2	0.259	0.249	0.249
N	12821	12821	12821

注：* $p<0.1$，** $p<0.05$，*** $p<0.01$

第二，在检验控制规模影响地理距离上“互相看齐”效应的结果时，前文列示了以 200 千米为例的结果，为了表明不同地理距离的选择并不会影响到规模之间“互相看齐”效应的结果，在表 4-10 中本章列示了以 300 千米为例的检验结果。表 4-10 的结果与表 4-6 的结果呈现出相似的规律，假设 4-1b 得到进一步支持。

表 4-10　　**控制规模后“互相看齐”效应的稳健性检验**

	(1)	(2)	(3)	(4)	(5)
被解释变量：LnCompensation					
LnAvg300	0.147	0.351***	0.478***	0.559***	0.315**
	(1.37)	(4.61)	(3.41)	(3.83)	(2.22)
Size	-0.022	0.069*	0.085*	0.146***	0.169***
	(-0.80)	(1.74)	(1.68)	(3.19)	(7.18)
Leverage	0.010	-0.065	0.012	-0.003	-0.161
	(0.16)	(-0.97)	(0.14)	(-0.02)	(-1.22)
LnCash	0.041***	0.013	0.044***	0.029	0.017
	(3.41)	(1.09)	(3.82)	(1.46)	(1.00)
ROA	0.205**	0.645***	0.740***	1.269***	0.338
	(2.06)	(3.11)	(2.83)	(4.69)	(0.90)
BoardSize	0.011	0.011	0.008	0.006	0.015
	(1.20)	(1.27)	(0.85)	(0.63)	(1.48)
IndRatio	-0.139	0.484*	-0.012	0.153	0.919**
	(-0.54)	(1.94)	(-0.05)	(0.54)	(2.45)
BoardMeeting	0.008**	0.008***	0.008**	0.010***	0.003
	(2.55)	(3.09)	(2.30)	(2.60)	(0.96)
Duality	-0.014	-0.001	0.053**	0.003	0.067
	(-0.36)	(-0.06)	(1.98)	(0.09)	(1.47)
Big	-0.100	0.036	0.014	-0.095	-0.173
	(-1.20)	(0.42)	(0.18)	(-1.29)	(-1.61)

续表

	(1)	(2)	(3)	(4)	(5)
被解释变量：LnCompensation					
LnGDP	0.034**	0.054***	0.038***	0.044**	0.060***
	(2.23)	(3.48)	(2.72)	(2.41)	(3.39)
SOE	0.090***	0.084***	0.080***	0.095***	0.114***
	(2.95)	(3.25)	(3.08)	(3.21)	(3.23)
Constant	7.472***	3.298***	1.611	-0.562	1.028
	(6.69)	(2.77)	(1.14)	(-0.36)	(0.76)
Industry	Yes	Yes	Yes	Yes	Yes
Year	Yes	Yes	Yes	Yes	Yes
Adj R2	0.153	0.158	0.163	0.140	0.237
N	2565	2564	2564	2564	2564

注：* $p< 0.1$，** $p< 0.05$，*** $p< 0.01$

此外，为了控制行政区划所蕴涵的政治和文化等因素对本章结论可能产生的影响，我们还增加了地区平均工资作为控制行政区划特征的变量进行了稳健性检验，结果并未发生明显改变。

第六节　结论与政策含义

本章在信息不对称理论的基础上，结合羊群行为和契约参照点，实证检验在无业绩考核下，我国上市公司如何决定其外部独立董事的薪酬。我们主要检验公司在决定外部独立董事薪酬时是否存在“互相看齐”和“看齐头羊”的现象。实证检验结果表明，在一定地理范围内，上市公司在外部独立董事薪酬决定上均存在显著的“互相看齐”的现象，上述现象在控制行业和规模后依然存在。有意思的是，“互相看齐”并非通常大家所理解的向上看齐，而是向地理上的中间距离、同一或相关行业或中等规模公司的

"看齐"。检验结果同时表明，我国上市公司在外部独立董事薪酬决定上也存在相互看齐，即"头羊"和"非头羊"会互相看齐，但"头羊"向"非头羊"看齐的现象大于"非头羊"向"头羊"看齐的现象，出现向中间看齐的现象。这既与我们在外部独立董事薪酬散点图所观察到的实际现象相吻合，也符合中国传统哲学在利益分配上的中庸思想。在我国上市公司外部独立董事薪酬与公司绩效缺乏联系的情况下，如何建立我国外部独立董事的劳动力市场，完善外部独立董事激励和惩罚机制，充分调动外部独立董事在公司治理中的积极性，提高外部独立董事的议事效率。这也正是本章的实证检验结果所具有的现实意义。同时值得指出的是，上述议题也是国外关于外独立董事研究的最新动向。例如 Ferris，Jagannathan 和 Pritchard(2003)、Fich 和 Shivdasani(2006)以及 Field，Lowry 和 Mkrtchyan(2013)关于外部独立董事是否能够有充分的时间来履行对公司监督职能的研究；Ertimur、Ferri 和 Maber(2012)关于外部独立董事是否会因为其表现而得到奖励或受到惩罚的研究；Masulis 和 Mobbs(2014)关于外部独立董事如何有效分配其时间，充分发挥其作用的研究。此外，文中使用的地理距离这一方式，也为契约参照点理论提供了一种新的度量地域参照基准的方法。

第五章
地理距离与公司高管在职消费

第一节　引　　言

作为高管代理问题的主要表现形式，高管在职消费问题具有隐蔽性和度量困难等特征，因而在早期研究并未得到充分的研究。既有文献对在职消费的经济后果及其决定因素并未取得统一的研究结论（Frydman 和 Jenter，2010）。在职消费可以作为最优薪酬契约的组成部分（Fama，1980），但也可能是由于公司治理不完善或高管激励不充分而导致的产物（Jensen and Meckling，1976）。从“效率观”的角度来看，那么在职消费可以激励高管更努力的工作，提升企业价值（Rajan and Wulf，2006，Adithipyangkul，Alon and Zhang，2011）。但从“代理观”的角度来看，当高管在职消费大于股东的预期时，在职消费会直接损害公司价值（Grinstein，Weinbaum and Yehuda，2008）；当高管的在职消费引发其他员工的反感时，则员工会通过催生懈怠等行为或降低士气等途径间接损害公司的价值（Yermack，2006）。两者是相互对立的看法。

但在近期有关高管在职消费的研究中，开始有学者不再视“代理观”和“效率观”为对立的两个观点，而是认为他们各自代表了诸多因素在不同条件和背景下的某种结果。例如，国内学者结合中国特殊的产权制度，首先肯定了产权性质在公司高管在职消费中扮演的重要作用（陈冬华、陈信元和万华林，2005；卢锐、魏明海和黎文靖，2008），部分学者接着从企业分红、企业负债等角度研究这些因素如何通过影响在职消费进而影响到企业的价值(罗宏和黄文华，2008；姜付秀和黄继承，2011)，在肯定管理层权利这一重要影响因素后(权小锋、吴世农和文芳，2010)，也开始出现综合两种观点的研究(Chen，Li and Liang，2010；黎文靖和池勤伟，2015；孙世敏、柳绿和陈怡秀，2016)。他们认为，在中国特殊制度背景下的在职消费，其“代理观”和“效率观”的表现不应是绝对的，而是一种在不同情境下综合反应的结果。孙世敏、柳绿和陈怡秀(2016)认为在职消费的经济性质同时包含三个方面，货币薪酬补充、正常职务消费和高管自娱消费，通常三种性质的在职消费并存于公司中。

根据上述关于高管在职消费问题的研究，公司高管的在职消费既不能完全从“效率观”也不能完全从“代理观”来看待，那么，究竟公司高管在职消费是由什么决定的。本章认为，公司高管的在职消费可能是“互相攀比”或“看齐头羊”的结果。所谓“互相攀比”指公司高管的在职消费存在与同行业或同区域其他大部分公司高管看齐的情况。所谓“看齐头羊”指公司高管的在职消费存在向声誉较高的其他公司高管在职消费看齐的情况。在结合地理因素探讨影响在职消费的因素时，本章从公司与公司之间的地理距离远近作为切入点，试图研究以下三个问题：第一，公司之间的地理距离邻近是否会引起高管在职消费之间的“互相攀比”？第二，公司高管的在职消费是否存在地理上的“看齐头羊”，如果存在，哪种类型的公司才是“头羊公司”？第三，“八项规定”的出台是否影响到了公司高管在职消费之间地理距离上的“互相攀比”？应该说，中国上市公司是研究上述问题的理想对象。首先，中国地域宽广，不仅各地区自然地理条件不同，而且社会历史文化上也有显著的差异；其次，中国上市公司高管存在普遍的在职消费。各类公款消费、公款旅游、公款接待曾经是在职消费的常见形式。第三，政策上，政府在对国企高管在职消费做出明确限制规定，不同时期执行的力度有所不同。

本章在区分产权性质的基础上对公司高管在职消费问题进行了相关检验。运用2005—2014年的中国上市A股公司数据的实证检验结果表明，不论国企还是民企，其在职消费的金额均存在地理距离上向同类型企业的

"互相攀比"，由此证实了相邻地理距离与邻近公司高管在职消费存在密切联系；同时，本章还发现高管在职消费存在向中等规模看齐的"中庸之道"而非传统的"看齐头羊"，肯定了我国传统文化的影响。这一发现为从地理角度理解影响企业在职消费因素增添了新的视角。此外，本章还发现政府"八项规定"的颁布不仅可以有效地削弱国企高管的在职消费行为，还抑制了国企高管在职消费在地理距离上的"互相攀比"。

本章的研究贡献可能存在以下三个方面：第一，从地理距离的视角研究在职消费问题，拓宽了探究影响公司高管在职消费因素的视角，同时也将地理距离的相关研究领域拓展至公司高管的在职消费研究；第二，对在职消费存在地理上的"互相攀比"和"看齐头羊"的现象，从我国传统的文化角度提出了相关解释，进行了社会学和财务学跨学科的研究；第三，验证了政府政策的调整对国企高管产生的影响，肯定了"八项规定"等一系列反腐政策的有效性。

本章余下部分结构如下：第二部分是理论分析和研究假设；第三部分是研究设计；第四部分是实证结果及分析；第五部分是稳健性检验；最后是对本章的小结。

第二节 研究假设

一、地理距离与在职消费

一般认为，影响在职消费的因素包含公司层面的影响因素和高管层面两方面。公司层面的影响因素包括公司绩效(陈冬华、陈信元和万华林，2005)、企业现金流(Jensen，1986)和公司治理情况(李艳丽、孙剑非和伊志宏，2012)；高管层面的影响因素包括高管权利及其个人特征(卢锐、魏明海和黎文靖，2008；张铁铸和沙曼，2014)等因素。这些影响因素大都基于委托代理理论，符合"代理观"的观点，而委托代理理论中假定企业的高管(决策者)视作追求效用最大化的理性人，基于经济学理论的在职消费并未脱离工具主义的理性人假设，而这其中暗含了一个假定即高管是孤立的，缺乏考虑地理因素带来的人地关系对在职消费的影响。

在关于企业的财务行为研究中，已陆续有学者从地理因素的角度来考虑其对公司财务的影响。比如 Bouwman(2012)研究了公司之间的地理距离对 CEO 薪酬产生的影响，他发现公司 CEO 薪酬呈现出向一定地理距离范围内其他 CEO 薪酬看齐的现象，而这种现象极有可能是 CEO 之间在薪酬上的攀比所导致的。在 Bouwman(2012)看来，地理位置相邻的公司管理层相互间会进行经常性的社交活动，包括办公环境、交通工具、是否为某俱乐部成员等在内的信息在社交活动中常常会成为彼此间乐于讨论的话题之一，而这种讨论的结果会使高管的职务消费产生攀比和模仿的现象。因此，公司高管在职消费有可能会接近于地理相邻公司高管的在职消费水平。

地理距离的邻近，使得公司间的交流更为顺畅，让公司高管之间的私下交流可能性增大。公司高管的社交互动可能随着彼此间地理距离的邻近而更频繁，因而更有可能了解到彼此间诸如办公环境、出行交通工具、出差住宿环境等职务消费的信息。由于公司高管之间这种随地理距离邻近而紧密的联系，彼此在职消费情况的信息不对称程度也随地理距离邻近而减小。从“代理观”的角度分析，公司高管有可能为谋求心理上的平衡或追求享乐而发生与地理距离邻近的其他公司高管攀比在职消费情况；而从“激励观”的角度，公司高管获得了地理邻近的其他公司高管的在职消费的情况，那么为了更好的激励本公司高管的尽职工作，公司也应考虑地理距离邻近的其他公司在职消费的具体支出情况①。综上所述，无论是从何种观点来看，公司地理距离的邻近，更有可能导致彼此间在职消费的互相攀比。基于此，我们提出假设 5-1。

① 2015 年《南方人物周刊》上刊发了中欧国际工商学院丁远、张华和华东理工大学宋渊洋的一篇文章，他们认为在中国这样的等级社会的语境下，在职消费的激励作用可能反而更大。资料来源于网络：http：//www. dooland. com/magazine/article _ 595517. html

假设 5-1 高管在职消费存在地理距离上的互相攀比。

已有大量研究表明，我国高管在职消费在不同产权性质中存在显著的差异，即国企高管在职消费和民营企业高管的在职消费之间存在明显的不同(陈冬华、陈信元和万华林，2005；黎文靖和池勤伟，2015；孙世敏、柳绿和陈怡秀，2016)。其中，国企普遍存在剩余索取权与最终控制权分离的问题，因而高管代理问题显著、代理成本高。国有股东掌握了公司大部分的股权和控制权，但国企真正的所有者是国家，行使所有权的国有股东本身也是事实意义上的代理人，而真正的所有者不具有人格化，因此造成事实上的“所有者虚位”(刘小玄，1996；罗宏和黄文华，2008)。这种制度上的背景差异决定了在我国的国企中，作为隐性激励一部分的在职消费必然和民企高管的在职消费存在不同。另一方面，由于薪酬管制的存在，使得在国企中，高管的在职消费是一个普遍存在的现象，是高管薪酬补充机制的替代性选择(陈冬华、陈信元和万华林，2005)，而这种扭曲了的激励机制，可能使得在职消费等隐性薪酬发挥更大的激励作用。而相对国企普遍存在的薪酬管制现象，民企的薪酬设计更加市场化，并且民企高管持有所在公司的股票相对国企更多，他们的激励强度较强(姜付秀和黄继承，2011)。因而在探讨影响在职消费的因素时，应该区分产权性质分别予以考虑。

基于上述分析，在国企存在薪酬管制和货币薪酬激励不足的情况下，我们认为相对于民企，他们有更强的动机通过在职消费弥补自身收益。因而，国企高管有更强的动机获取更高的在职消费，相对于民企，他们也更容易向地理邻近的同产权性质的企业攀比。因此我们在假设 5-1 的基础上进一步提出假设 5-1a。

假设 5-1a 相较于民企，国企高管在职消费在地理距离上的互相攀比更强。

相较于民企，国企因为规模更大，承载了更多带动当地经济发展，是解决当地就业问题的主力，因而受到了更多政府部门的法律及政策规章的监管、大众的舆论监督，所受外部约束较多，因而抑制了国企高管在职消费在地理上的互相攀比。与此同时，民企的规模相对较小，所受关注小，所以相对国企，民企高管的在职消费所受限制较少。此外，民企中董事长兼任总经理的情况相对普遍，即高管权利相对更大，而高管权利更大容易导致更多的在职消费（卢锐、魏明海和黎文靖，2008；张铁铸和沙曼，2014），所以，相较于国企，民企高管在职消费在地理距离上的互相攀比更强。基于此，我们提出另一种假设 5-1b。

假设 5-1b 相较于国企，民企高管在职消费在地理距离上的互相攀比更强。

二、看齐头羊与在职消费

如果假设 5-1 成立，即企业高管的在职消费存在地理距离上的互相攀比，那么在他们彼此间攀比和模仿时，是否存在攀比的头羊呢？如果存在头羊，那究竟是哪种类型的公司会成为头羊，成为地缘相近公司争相模仿的对象呢？一般认为，“看齐头羊”是指某些在行业中处于领先地位或具有高声誉、大规模等特征的公司常常习惯于在各类事件中充当头羊，头羊公司的特征一般表现为其公司行为往往会对周围其他公司产生影响，但头羊公司的行为又不易被其他公司所左右（Glaeser，Sacerdote and Scheinkman，1996；Bouwman，2012；沈艺峰和陈旋，2016）。西方学者在对分析师声誉的衡量中，有 Graham（1999）与 Hong、Kubik 和 Solomon（2000）的不同方法。Graham（1999）采用了两类方法：①用哑变量来表示头羊，若该分析师的投资通讯在 1980 年 6 月前就被收录到《休伯特金融摘要》（The Hulbert Financial Digest）则取值为 1，代表该分析师的高声誉，否则，若在 1980 年 6 月之后收录则取值为 0，代表较低的分析师声誉；②赋值最初入选《休伯特金融摘要》的分析师 0.65 的初始值，其他分析师则被赋予初始值 0.35，再进行调整。Hong、Kubik 和 Solomon（2000）在研究分析师的羊群行为时采用了一种更为直接的方法，他们从分析师的“职业生涯考虑”入手，直接以分析师从业是否超过 3 年期限作为哑变量来捕捉分析师的声誉和职业生涯，以从业超越三年的分析师作为高声誉的头羊。

综合上述分析，高声誉的公司往往容易成为其他公司模仿和攀比的头羊，因此，当高管的在职消费存在地缘邻近的攀比现象时，那些高声誉、高绩效或者大规模的企业，更容易成为被攀比和被模仿的头羊。基于此，本章提出假设5-2a。

假设5-2a 高管的在职消费存在地理上的“看齐头羊”。

高管的在职消费在出现互相攀比模仿的同时，头羊未必一定是大规模、高声誉或高绩效的企业（Bouwman，2012；Ross and Sharapov，2015；沈艺峰和陈旋，2016）。Bouwman（2012）在研究地理距离对美国CEO薪酬的影响时，发现在公司CEO的薪酬存在互相攀比的同时，并不存在向当地业绩前三的企业看齐的现象，即当地业绩前三公司并不一定是地理距离上美国CEO薪酬中的领导者。同样，Ross和Sharapov（2015）从市场竞争的角度也发现市场领导者在即使不存在社会压力时，也会把模仿追随者行动作为一个有效的竞争策略。而沈艺峰和陈旋（2016）在研究中国外部独立董事薪酬时，也有类似的发现，在以世界500强企业为头羊的研究中，他们并未发现这些企业是独立董事薪酬制定中的头羊。综合上述研究，所谓看齐头羊未必意味着规模大或者绩效好的企业就是被攀比和模仿的对象。

与此同时，在我国的传统文化中，存在“木秀于林”的传统思维模式，即所谓“中庸之道”的行为模式。中庸文化在时代的变迁中已被赋予了更多的解读，在实践应用中一定程度上类似于我国传统文化中的“木秀于林，风必摧之；堆出于岸，流必湍之；行高于人，众必非之”作用的结果，即表现为互相攀比和模仿中的中庸和无为。目前也已经有学者肯定了东方和西方文化差异会对高管在职消费造成不同的影响，比如Thomas（2009）的对比研究发现，在职消费只占美国公司高管薪酬的很小组成部分，但是却占印度高管总薪酬的33%，即三分之一的薪酬为在职消费。Sun，Zhao和Yang（2010）则直接将在职消费在美国和亚洲国家存在不同的发现归因于东西方文化的差异。因此，对企业高管在职消费在“木秀于林”的传统思维模式下，我国高管的在职消费很有可能不向西方文献中普遍意义上的“头羊”看齐，而是向中等规模的公司看齐。基于此，我们提出对立假设5-2b。

假设 5-2b 高管的在职消费存在地理上的“中庸之道”。

三、“八项规定”与在职消费

自党的“十八大”以来，中央掀起了一股反腐倡廉风潮，主要针对政府官员和国企高管。包括对国企高管的公款吃喝、奢侈浪费以及公务消费等问题。而其中“八项规定”的出台最为严厉。它明确提出厉行节俭、精简会议活动、规范出访活动以及反对铺张浪费等规定。对国企高管的在职消费必然产生重大影响(梅洁，2015；梅洁和葛杨，2016；杨蓉，2016)。伴随着“八项规定”而来的还有“六项禁令”、反对“四风”和“走群众路线”等一列防微杜渐的教育活动，这场反腐风暴改变了体制内机关和事业单位的日常文化，而作为体制内成员的国企高管，在“八项规定”出台之后，在地缘关系中原本普遍存在着的与同地区其他国企高管在职消费的攀比现象，也可能被遏制。原因可能来自于两方面，一方面是由于在“八项规定”出台之前，国企高管之间由于地理邻近而有经常性的社交活动，而“八项规定”之后，这种经常性的社交活动的频率必然下降；另一方面，随“八项规定”而来的反腐风暴的执行力度强，对体制内的国企高管具有极强的震慑作用，从心理上遏制了国企高管在职消费向地理邻近其他企业攀比的行为。基于此，我们提出本章假设 5-3。

假设 5-3 “八项规定”出台后，国企高管在职消费在地理距离上的互相攀比被削弱。

第三节 模型检验与变量的定义

一、样本选取及数据来源

本章选取 2005—2014 年在沪深交易所上市的 A 股公司为样本，样本筛选过程如下：首先，剔除金融类上市公司；其次，剔除 ST、PT、＊ST 和 SST 类公司；最后，剔除数据缺失及异常的样本。经过筛选后，我们最终获得 12136 个样本观测值。本章对主要变量进行了 1%的 Winsorized 缩尾处理。

本章所采用的数据主要来自于三个来源，其中上市公司在职消费数据、公司财务数据及相关的公司治理数据均来自于 CSMAR 数据库；公司注册地及变更信息来自于 RESSET 金融研究数据库；公司所在地经纬度信息通过谷歌地图获得。

二、实证检验模型

为了检验本章提出的假设 5-1，我们分别构建了如下模型：

$$Perks_{i,t} = \alpha_0 + \alpha_1 Avg1\_N_{i,t-1} + \alpha' \Sigma Controls_{i,t} + \Sigma Ind_{i,t} + \Sigma Year_{i,t} + \varepsilon_{i,t} \tag{5-1}$$

$$Abperks_{i,t} = \alpha_0 + \alpha_1 Avg2\_N_{i,t-1} + \alpha' \Sigma Controls_{i,t} + \Sigma Ind_{i,t} + \Sigma Year_{i,t} + \varepsilon_{i,t} \tag{5-2}$$

模型(5-1)是为了检验在职消费 Perks 是否受到方圆 N 千米范围内其他公司高管在职消费的影响；模型(5-2)是为了检验不当在职消费 Abperks 是否受到方圆 N 千米范围内其他公司高管不当在职消费的影响。其中 $Avg1\_N_{i,t-1}$ 表示公司 i 上一年度方圆 N 千米的直线距离内其他公司高管在职消费 Perks 的平均值；$Avg2\_N_{i,t-1}$ 表示公司 i 上一年度方圆 N 千米的直线距离内其他公司高管不当在职消费 Abperks 的平均值。

为了检验本章提出的假设 5-2，我们分别构建如下模型：

$$Perks_{i,t} = \alpha_0 + \alpha_1 AvgLeaders1\_N_{i,t-1} + \alpha' \Sigma Controls_{i,t} + \Sigma Ind_{i,t} + \Sigma Year_{i,t} + \varepsilon_{i,t} \tag{5-3}$$

$$Perks_{i,t} = \alpha_0 + \alpha_1 AvgFollowers1\_N_{i,t-1} + \alpha' \Sigma Controls_{i,t} + \Sigma Ind_{i,t} + \Sigma Year_{i,t} + \varepsilon_{i,t} \tag{5-4}$$

$$Abperks_{i,t} = \alpha_0 + \alpha_1 AvgLeaders2\_N_{i,t-1} + \alpha' \Sigma Controls_{i,t} + \Sigma Ind_{i,t} + \Sigma Year_{i,t} + \varepsilon_{i,t} \tag{5-5}$$

$$Abperks_{i,t} = \alpha_0 + \alpha_1 AvgFollowers2\_N_{i,t-1} + \alpha' \Sigma Controls_{i,t} + \Sigma Ind_{i,t} + \Sigma Year_{i,t} + \varepsilon_{i,t} \tag{5-6}$$

模型(5-3)和模型(5-4)是为了检验在职消费 Perks 中是否存在看齐头羊，其中 $AvgLeaders1\_N_{i,t-1}$ 代表上一年度头羊公司高管在职消费 Perks 的平均水平，$AvgFollowers1\_N_{i,t-1}$ 代表上一年度非头羊公司高管在职消费 Perks 的平均水平；同理，模型(5-4)和模型(5-5)是将在职消费的度量方式换为不当在职消费 Abperks 检验是否存在地理上的看齐头羊，变量定义与模型(5-3)和模型(5-4)类似，$AvgLeaders2\_N_{i,t-1}$ 代表上一年度头羊公司高管不当在职消费 Abperks 的平均水平，$AvgFollowers2\_N_{i,t-1}$ 代表上一年度非头羊公司高管不当在职消费 Abperks 的平均水平。

为了检验本章提出的假设 5-3，我们构建如下模型：

$$Perks_{i,t} = \alpha_0 + \alpha_1 Avg1\_N_{i,t-1} + \alpha_2 \text{Corr} \times Avg1\_N_{i,t-1} + \alpha_3 \text{Corr} + \alpha' \Sigma Controls_{i,t} + \Sigma Ind_{i,t} + \Sigma Year_{i,t} + \varepsilon_{i,t} \tag{5-7}$$

$$Abperks_{i,t} = \alpha_0 + \alpha_1 Avg2\_N_{i,t-1} + \alpha_2 \text{Corr} \times Avg2\_N_{i,t-1} + \alpha_3 \text{Corr} + \alpha' \Sigma Controls_{i,t} + \Sigma Ind_{i,t} + \Sigma Year_{i,t} + \varepsilon_{i,t} \tag{5-8}$$

模型(5-7)在模型(5-1)的基础上引入了交乘项“八项规定”时间哑变量 Corr，用以检验“八项规定”政策的出台对公司高管在地理距离上的攀比现象是否起到了抑制作用，当年份为 2013 年及此后时，我们将 Corr 取值为 1，否则为 0。同理，模型(5-8)是在模型(5-2)的基础上检验相同的假设 5-3。

三、变量说明

(一)在职消费

本章的被解释变量为在职消费。关于在职消费的如何度量一直是理论研究中的难题，因为其具有隐蔽性，公司财务报告中并没有直接反映在职消费金额大小的专项披露，所以已有文献中对在职消费的度量方式都是采用替代性指标，概括起来有以下三种：一是在职消费的“八大费用法”(陈冬华、陈信元和万华林，2005)，该方法采用在企业年报附注中提取办公费、差旅费、业务招待费、通讯费、出国培训费、董事会费、小车费和会议费等八大费用，此法在国内文献中得到较为广泛的使用；二是在职消费的“管理费用扣除法”，该方法采用的是在管理费用的基础上扣减与在职消费明显无关的费用，包括董事、高管以及监事会成员薪酬、计提的坏账准备、存货跌价准备以及当年的无形资产摊销等费用；三是在职消费的“残差法”(Luo，Zhang and Zhu，2011；权小锋、吴世农和文芳，2010)，该方法将无法被正常生产经营活动所解释的那部分管理费用作为在职消费的替代变量。

本章采用的是第二种方法和第三种方法，之所以没有采用“八大费用法”，理由在于该方法存在披露不完整、故意隐瞒不披露以及将在职消费项目故意与非在职消费项目混合披露等无法识别的情况，往往会导致估计的在职消费金额偏低甚至为零在职消费，而本章研究的是地理距离邻近的公司间在职消费的攀比情况，如果在地理距离邻近的公司中存在一定比例的零在职消费，将造成本章主要解释变量的偏误，进而影响全书的结果。所以本章选取了在职消费度量的后两种方法。具体两种计算方式如下：

第一种：高管在职消费(用 Perks 表示)取自管理费用中扣除了董事、高管以及监事会成员薪酬、计提的坏账准备、存货跌价准备以及当年的无形资产摊销等明显不属于在职消费费用项目后的金额。

第二种：高管的在职消费(用 Abperks 表示)，也称为不当在职消费。Cai，Fang 和 Xu(2011)学者认为，在职消费既包含正当商务花费，又包含不正当商务花费。鉴于此，Luo，Zhang and Zhu(2011)与权小锋、吴世农和文芳(2010)采用高管在职消费与由经济因素决定的高管预期正常的在职消费之间的差额表示高管不当在职消费(本章用 Abperks 表示)，如模型(5-9)所示。

$$\frac{Perks_t}{Assets_{t-1}} = \beta_0 + \beta_1 \frac{1}{Assets_{t-1}} + \beta_2 \frac{\Delta Sales_t}{Assets_{t-1}} + \beta_3 \frac{PPE_t}{Assets_{t-1}} + \beta_4 \frac{Inventory_t}{Assets_{t-1}} + \beta_5 LnEmployee_t + \varepsilon_t \tag{5-9}$$

其中，Perks_t 为高管在职消费，计算方式与本章使用的第一种方式相同；$\Delta \mathrm{Sales}_t$ 为本期销售收入的变动额；PPE_t 为本期固定资产净值；$\mathrm{Inventory}_t$ 为本期存货总额；$\mathrm{LnEmployee}_t$ 为企业员工总数的自然对数；

$Asset_{t-1}$为上期期末总资产；ε_t为残差项。

利用模型(5-1)将所选样本按年度和行业分类进行回归，得到各年度、各行业中样本公司的模型经验参数，再以此估计模型中各年度的正常在职消费，最终实际在职消费与模型估计的正常在职消费的差额即为不当在职消费。

(二)地理邻近的其他公司在职消费

如果高管在职消费的多少受到地理邻近公司高管在职消费水平的影响，可能会表现出高管的在职消费水平接近于一定地理距离内公司高管在职消费的平均水平，即与周围一定地理距离内的其他高管的平均在职消费水平接近；另一种受地理邻近公司影响的表现形式可能体现在中位数上，即高管的在职消费接近于地理邻近的其他公司高管在职消费的中位数①。所以，公司高管的在职消费在与周围其他公司高管相互攀比时，既可能参照周围公司的平均在职消费水平，也有可能参照处于在职消费中间水平的某一家公司具体的各种在职消费做法②。鉴于此，本章在接下来的检验中同时采用平均值和中位数两种衡量方式③。

(三)地理距离

对于两家公司之间的直线距离，本章采用 Haversine 公式计算，具体而言就是利用两家公司的注册地所在地级市的经纬度来计算两家公司之间的地理距离(Coval and Moskowitz, 2001; Ivković and Weisbenner, 2005;

① 近些年对于中位数与平均数的不同，已经引起经济管理方面学者的重视，比如 Murphy(2013)在描述美国 CEO 薪酬时就强调了中位数的重要性，由于少数 CEO 天价薪酬的存在，这种平均值和中位数的分离就显现的更为突出。Murphy(2013)认为平均数更多代表的是对衡量总额的贡献(比如当知道薪酬的平均数和 CEO 的个数时，可以得到总薪酬的数额)，而中位数则更多表示的是一位“典型”(typical)CEO 薪酬的高低。

② 考虑到直接观察某一家公司高管的各项在职消费行为存在相当的困难，所以我们认为与地理邻近企业高管的在职消费攀比行为更可能表现出向平均值而非中位数看齐的现象，但基于后文的描述性统计分析来看，平均值与中位数的分离程度很小，几乎可以忽略，所以在后文的检验中我们依然同时将中位数纳入实证检验中。

③ 但由于篇幅限制，以中位数衡量的结果仅在部分检验中进行了汇报。

Uysal, Kedia and Panchapagesan, 2008; Kang and Kim, 2008)。设 a1 和 b1(a2 和 b2)分别为以弧度表示的两个地级市之间的纬度和经度，r 表示地球的半径(r 取 6370996.81 米)，则 Haversine 公式的具体表示如模型(5-10)所示。

$$d(a, b) = arccos\{cos(a_1)cos(a_2)cos(b_1)cos(b_2) + cos(a_1)sin(a_2) cos(b_1)sin(b_2) + sin(a_1)sin(b_1)\}r \tag{5-10}$$

其他变量定义结果详见表 5-1。

表 5-1 **变量定义表**

变量性质	变量名称	变 量 定 义
被解释变量	Perks	在职消费/总资产，参见 Luo 等(2011)
	Abperks	不当在职消费，参见 Luo 等(2011)、权小锋等(2010)
解释变量	Avg1_100	方圆 100 千米内其他企业在职消费的均值
	Avg1_200	方圆 200 千米内其他企业在职消费的均值
	Avg1_300	方圆 300 千米内其他企业在职消费的均值
	Avg2_100	方圆 100 千米内其他企业不当在职消费的均值
	Avg2_200	方圆 200 千米内其他企业不当在职消费的均值
	Avg2_300	方圆 300 千米内其他企业不当在职消费的均值
控制变量	Asset	资产
	Lev	资产负债率
	Cash	期末现金余额
	ROA	资产收益率
	Growth	销售收入增长率
	SOE	产权性质，国企为 1，否则为 0
	Indep	独立董事比例
	Board	董事人数
	Dual	两职合一
	Mpay	高管薪酬前三的人均薪酬
	Mshares	高管持股%

第四节　实证结果及分析

一、描述性统计

表 5-2 报告了本章主要变量的描述性统计结果，公司高管在职消费(Perks)的平均值为 0.05，最小值为 0，最大值为 0.20，说明我国上市公司高管存在不同程度上的在职消费。方圆 100 千米、200 千米、300 千米内其他公司高管在职消费的均值为 0.05，与全样本保持一致。此外，企业高管不当在职消费(Abperks)的平均值为 0，最小值为-0.07，最大值为 0.11，与之前的研究基本保持一致(Luo，Zhang and Zhu，2011；权小锋、吴世农和文芳，2010)。方圆 100 千米、200 千米、300 千米内其他企业不当在职消费的均值为 0，与全样本保持一致。在控制变量方面，样本公司的平均规模为 77.70 亿元，最小值为 3.36 亿元，最大值为 1377.14 亿元，且标准差远超于中位数，说明我国上市企业规模差异较大。国有企业的比例达到 54%。从公司治理的角度来看，公司独立董事的比例为 37%，达到了证监会要求的 1/3 比例，董事长总经理两职合一的比例为 19%，说明两职合一的情况相当常见。

表 5-2　　描述性统计表

变量名称	平均值	中位数	标准差	最小值	最大值	样本量
Perks	0.05	0.04	0.04	0.00	0.20	12136
Abperks	0.00	0.00	0.03	-0.07	0.11	12136
Avg_100	0.05	0.05	0.01	0.00	0.14	12136
Avg_200	0.05	0.05	0.01	0.02	0.12	12136
Avg_300	0.05	0.05	0.00	0.02	0.07	12136
Avg1_100	0.00	0.00	0.01	-0.06	0.07	12136
Avg1_200	0.00	0.00	0.01	-0.03	0.05	12136
Avg1_300	0.00	0.00	0.00	-0.03	0.02	12136

续表

变量名称	平均值	中位数	标准差	最小值	最大值	样本量
Asset(亿元)	77.70	25.09	183.47	3.36	1377.14	12136
Lev	0.46	0.48	0.20	0.05	0.87	12136
Cash(亿元)	11.02	4.10	24.17	0.16	179.89	12136
ROA	0.04	0.04	0.05	-0.12	0.19	12136
Growth	0.20	0.14	0.41	-0.55	2.74	12136
SOE	0.54	1.00	0.50	0.00	1.00	12136
Indep	0.37	0.33	0.05	0.29	0.57	12136
Board	9.11	9.00	1.84	5.00	15.00	12136
Dual	0.19	0.00	0.39	0.00	1.00	12136
Mpay(万元)	45.84	35.16	38.38	5.17	228.34	12136
Msha	3.67	0.00	10.45	0.00	54.89	12136

表5-3列示了我国各个省份公司高管在职消费和不当在职消费省份排名分布状况，公司高管在职消费排名前三名的区域分别为贵州、北京和浙江，对应的均值为0.063、0.0532和0.052。公司高管在职消费排名后三名的区域分别为新疆、天津和宁夏，对应的均值为0.0396、0.0386和0.0361。公司高管不当在职消费排名前三名的区域分别为贵州、上海和黑龙江，对应的均值为0.012、0.007和0.0039。公司高管在职消费排名后三名的区域分别为山东、青海和宁夏，对应的均值为-0.0071、-0.0083和-0.0147。我国是一个幅员辽阔、资源迥异的大国，各个地区之间在历史、文化、社会以及自然地理环境等方面均存在较大的差异，不同地区间的市场化进程更是差异显著(樊纲、王小鲁、张立文和朱恒鹏，2003)，然而从图5-1和图5-2中可以发现，我国公司高管在职消费和不当在职消费行为在省际层面上没有存在明显的区域聚集现象，更多的是呈现不规则的分布。在一定程度上为本章从地理距离视角所进行的研究排除了行政区域划分带来的影响。

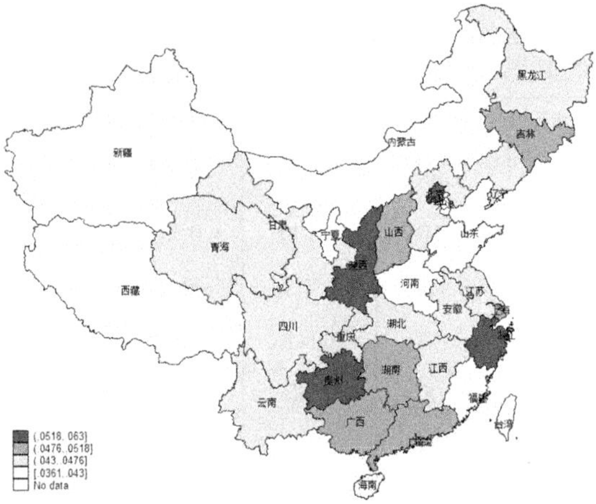

图 5-1 在职消费 Perks 省份均值分布简图①

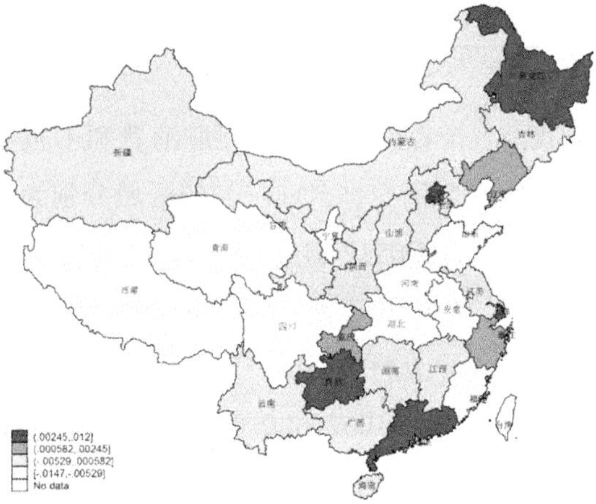

图 5-2 不当在职消费 Abperks 省份均值分布简图

① 图 5-1 和图 5-2 中，都存在深黑色区域和浅白色区域直接相邻的情况，特别是在图 1 中，这种情况更为突出，这并非否定地理因素引发的攀比效应。肯定公司之间的联系性并非否定各个公司之间的差异性，并且深黑色省份和浅白色省份的颜色是样本期 10 年内的全省平均情况，并非两省交界处的真实写照，这种极深和极浅色的相邻表明两省间公司高管在职消费的情况随地理距离变化的程度大小。此外，笔者认为，在此种情形下两省交界处采用地理距离的度量方式比行政区划更为科学。

表 5-3　　公司高管在职消费和不当在职消费省份排名

排名	省份	Perks	省份	Abperks
1	贵州	0.0630	贵州	0.0120
2	北京	0.0532	上海	0.0070
3	浙江	0.0520	黑龙江	0.0039
4	陕西	0.0518	北京	0.0039
5	上海	0.0518	广东	0.0026
6	湖南	0.0510	辽宁	0.0025
7	广东	0.0500	浙江	0.0024
8	吉林	0.0492	重庆	0.0014
9	山西	0.0489	海南	-0.0003
10	广西	0.0477	山西	-0.0008
11	辽宁	0.0476	湖南	-0.0010
12	重庆	0.0474	陕西	-0.0025
13	云南	0.0468	广西	-0.0025
14	四川	0.0462	天津	-0.0028
15	江苏	0.0461	江西	-0.0032
16	甘肃	0.0456	吉林	-0.0037
17	安徽	0.0456	江苏	-0.0040
18	黑龙江	0.0456	内蒙古	-0.0041
19	河北	0.0450	河北	-0.0043
20	江西	0.0438	云南	-0.0046
21	青海	0.0435	新疆	-0.0051
22	湖北	0.0435	甘肃	-0.0052
23	河南	0.0430	西藏	-0.0053
24	福建	0.0423	安徽	-0.0059

续表

排名	省份	Perks	省份	Abperks
25	山东	0.0422	四川	-0.0061
26	西藏	0.0418	湖北	-0.0062
27	内蒙古	0.0418	福建	-0.0069
28	海南	0.0417	河南	-0.0070
29	新疆	0.0396	山东	-0.0071
30	天津	0.0386	青海	-0.0083
31	宁夏	0.0361	宁夏	-0.0147

二、实证检验结果

(一)对地理距离与公司高管在职消费的实证检验结果

表5-4前三列为模型(5.1)的结果，从中可以观察到，我国上市公司高管在职消费的确存在互相攀比的情况，并且这种情况随着地理距离的扩大而呈减弱的趋势。第(1)列和第(2)列变量之间的回归系数分别为0.182和0.174，均在1%的统计水平上显著，但当地理距离扩大到300千米时，公司高管在职消费受周围公司高管在职消费影响的情况不仅系数变小，显著性也仅在10%的统计水平上显著。而公司高管不当在职消费方面，也就是表5-4的后三列，主要解释变量的系数也显著为正并在1%的统计水平上显著。尽管公司高管不当在职消费受周围公司高管影响的情况呈现出先增大后减弱的趋势，但仍可以判断公司不当在职消费之间存在互相攀比的情况。在职消费(Perks)不仅表现出了稳定的受100千米、200千米和300千米地理距离内其他上市公司高管在职消费的影响，还表现出了较为明显的随地理距离增大上述影响减弱的趋势。上述结果支持了本章的假设5-1。

表 5-4 公司高管在职消费地理距离上的互相攀比_平均值

	(1)	(2)	(3)	(4)	(5)	(6)
被解释变量:	Perks				Abperks	
Avg1_100	0.182***					
	(6.12)					
Avg1_200		0.174***				
		(3.56)				
Avg1_300			0.108*			
			(1.67)			
Avg2_100				0.269***		
				(9.24)		
Avg2_200					0.362***	
					(8.14)	
Avg2_300						0.316***
						(5.26)
LnMpay	0.009***	0.009***	0.009***	0.008***	0.008***	0.009***
	(18.49)	(18.75)	(18.92)	(18.41)	(18.46)	(18.90)
Msha	-0.000**	-0.000**	-0.000**	-0.000***	-0.000***	-0.000***
	(-2.14)	(-2.05)	(-1.97)	(-3.59)	(-3.48)	(-3.38)
Size	-0.011***	-0.011***	-0.011***	-0.005***	-0.005***	-0.005***
	(-20.73)	(-20.77)	(-20.88)	(-10.33)	(-10.29)	(-10.57)
Lev	0.009***	0.009***	0.009***	0.005***	0.005**	0.005***
	(4.81)	(4.76)	(4.74)	(2.60)	(2.56)	(2.61)
LnCash	0.001***	0.001***	0.001***	0.002***	0.001***	0.002***
	(3.11)	(3.09)	(3.22)	(3.82)	(3.63)	(3.90)
ROA	0.087***	0.087***	0.087***	0.071***	0.072***	0.071***
	(11.71)	(11.74)	(11.69)	(10.34)	(10.41)	(10.33)
Growth	-0.001	-0.001	-0.001	-0.001**	-0.001**	-0.001**
	(-1.03)	(-0.99)	(-0.98)	(-2.16)	(-2.12)	(-2.14)

续表

	(1)	(2)	(3)	(4)	(5)	(6)
被解释变量:	Perks			Abperks		
Indep	0.008	0.009	0.009	-0.002	-0.002	-0.002
	(1.39)	(1.42)	(1.47)	(-0.43)	(-0.39)	(-0.32)
Board	0.000**	0.000**	0.000***	0.000	0.000	0.000
	(2.49)	(2.53)	(2.59)	(0.46)	(0.48)	(0.58)
Dual	0.000	0.000	0.000	0.001	0.001	0.001
	(0.56)	(0.48)	(0.51)	(1.38)	(1.28)	(1.27)
SOE	0.007***	0.007***	0.007***	0.007***	0.007***	0.007***
	(10.63)	(10.77)	(10.81)	(10.80)	(11.20)	(11.21)
Constant	0.114***	0.114***	0.116***	-0.028***	-0.027***	-0.029***
	(15.55)	(15.12)	(14.97)	(-4.09)	(-4.01)	(-4.23)
Industry	Control	Control	Control	Control	Control	Control
Year	Control	Control	Control	Control	Control	Control
Adj. R2	0.237	0.235	0.235	0.073	0.072	0.069
Obs	12136	12136	12136	12136	12136	12136

注：括号内为 t 值，* $p<0.10$，** $p<0.05$，*** $p<0.01$。

表5-5以公司高管在职消费的中位数为解释变量重新进行了检验，前三列为模型(5.1)的结果，从中可以看到高管在职消费同样存在互相攀比的情况。在检验模型(5.1)和模型(5.2)时，我们既采用了平均值也同时采用了中位数来代表周围N千米范围内其他样本公司高管在职消费的情况，同时检验两者可以分辨高管在职消费行为究竟是受到地理邻近公司高管在职消费的平均情况影响，还是受到地理邻近公司高管在职消费的典型情况影响。第(1)列、第(2)列和第(3)列的回归系数分别为0.104、0.091和0.122，分别在1%、10%和5%的统计水平上显著，从系数上看，在职消费受周围企业影响的情况呈现出先减弱后增大的趋势，但300千米时的显著

性却比 100 千米时的低，基本结果表明公司高管在职消费(Perks)之间存在互相攀比的情况。而不当在职消费方面，也就是表 5-5 的后三列，主要解释变量的系数均在 1%的统计水平上显著。说明公司不当在职消费之间也存在互相攀比的情况。上述结果从中位数的角度对假设 5-1 进行了验证。在其他控制变量上看，高管薪酬、持有现金、企业业绩、产权性质与在职消费显著正相关，而企业规模、管理层持股能抑制在职消费的发生。

表 5-5 公司高管在职消费地理距离上的互相攀比_中位数

	(1)	(2)	(3)	(4)	(5)	(6)
被解释变量:	Perks			Abperks		
Median1_100	0.104***					
	(3.50)					
Median1_200		0.091*				
		(1.92)				
Median1_300			0.122**			
			(2.05)			
Median2_100				0.237***		
				(7.64)		
Median2_200					0.370***	
					(7.78)	
Median2_300						0.382***
						(6.15)
LnMpay	0.009***	0.009***	0.009***	0.008***	0.008***	0.008***
	(18.80)	(18.78)	(18.86)	(18.79)	(18.37)	(18.62)
Msha	-0.000**	-0.000**	-0.000**	-0.000***	-0.000***	-0.000***
	(-2.04)	(-2.01)	(-1.98)	(-3.54)	(-3.59)	(-3.46)
Size	-0.011***	-0.011***	-0.011***	-0.005***	-0.005***	-0.005***
	(-20.86)	(-20.81)	(-20.79)	(-10.38)	(-10.19)	(-10.42)

续表

	(1)	(2)	(3)	(4)	(5)	(6)
被解释变量：	Perks			Abperks		
Lev	0.009***	0.009***	0.009***	0.005**	0.005**	0.005***
	(4.76)	(4.71)	(4.71)	(2.51)	(2.52)	(2.62)
LnCash	0.001***	0.001***	0.001***	0.002***	0.001***	0.002***
	(3.27)	(3.21)	(3.21)	(3.87)	(3.61)	(3.80)
ROA	0.087***	0.087***	0.087***	0.071***	0.072***	0.072***
	(11.68)	(11.69)	(11.68)	(10.35)	(10.43)	(10.40)
Growth	-0.001	-0.001	-0.001	-0.001**	-0.001**	-0.001**
	(-1.01)	(-0.97)	(-0.98)	(-2.19)	(-2.15)	(-2.17)
Indep	0.009	0.009	0.009	-0.003	-0.002	-0.002
	(1.46)	(1.46)	(1.45)	(-0.47)	(-0.41)	(-0.41)
Board	0.000**	0.000***	0.000***	0.000	0.000	0.000
	(2.54)	(2.59)	(2.59)	(0.39)	(0.48)	(0.61)
Dual	0.000	0.000	0.000	0.001	0.001	0.001
	(0.55)	(0.50)	(0.52)	(1.36)	(1.31)	(1.29)
SOE	0.007***	0.007***	0.007***	0.007***	0.007***	0.007***
	(10.78)	(10.87)	(10.88)	(10.87)	(11.13)	(11.27)
Constant	0.117***	0.118***	0.116***	-0.028***	-0.026***	-0.027***
	(15.89)	(15.75)	(15.27)	(-4.18)	(-3.86)	(-3.90)
Industry	Control	Control	Control	Control	Control	Control
Year	Control	Control	Control	Control	Control	Control
Adj. R2	0.235	0.235	0.235	0.071	0.071	0.069
Obs	12136	12136	12136	12136	12136	12136

注：括号内为 t 值，* p<0.10，** p<0.05，*** p<0.01。

表 5-6 列示了不同产权性质下地理距离对在职消费(Perks)的影响结果，在国企组中我们可以发现，第(1)列和第(2)列的回归系数分别为 0.132 和 0.188，均在 1%的统计水平上显著，但当距离扩大到 300 千米时，

高管在职消费受周围公司高管在职消费影响的情况不再显著。说明国企管理层的在职消费在一定范围内存在互相攀比，并且当地理距离扩大到一定程度时，这种互相攀比会消失。表 5-6 的后三列为民营企业，地理距离对在职消费 Perks 的影响结果主要解释变量的系数无论在 100 千米、200 千米和 300 千米范围内显著为正并在 1%的统计水平上显著，并且系数大于国企组。说明民企管理层的在职消费(Perks)存在地理距离上的互相攀比，并且相较于国企，民企管理层的在职消费的互相攀比更强。本章的假设 5-1b 在此可以得以支持。

表 5-6 不同产权性质下地理距离对公司高管在职消费(Perks)的影响

	国企			民企		
	(1)	(2)	(3)	(4)	(5)	(6)
被解释变量:	Perks			Perks		
Avg1_100	0.132***			0.226***		
	(3.79)			(6.59)		
Avg1_200		0.188***			0.269***	
		(3.58)			(5.82)	
Avg1_300			0.092			0.240***
			(1.43)			(3.80)
LnMpay	0.008***	0.008***	0.008***	0.011***	0.011***	0.011***
	(11.07)	(11.23)	(11.07)	(15.68)	(15.71)	(16.03)
Msha	0.000***	0.000***	0.000***	-0.000**	-0.000**	-0.000*
	(2.72)	(2.74)	(2.68)	(-2.11)	(-1.99)	(-1.92)
Size	-0.011***	-0.011***	-0.011***	-0.012***	-0.012***	-0.012***
	(-16.10)	(-16.06)	(-15.94)	(-13.29)	(-13.34)	(-13.79)
Lev	0.002	0.002	0.002	0.014***	0.014***	0.015***
	(0.83)	(0.82)	(0.75)	(4.55)	(4.76)	(4.97)
LnCash	0.003***	0.003***	0.003***	0.001	0.001	0.001
	(4.72)	(4.63)	(4.61)	(0.79)	(0.87)	(1.20)

续表

	国企			民企		
	(1)	(2)	(3)	(4)	(5)	(6)
被解释变量:		Perks			Perks	
ROA	0.044***	0.044***	0.044***	0.107***	0.109***	0.108***
	(4.22)	(4.23)	(4.25)	(10.29)	(10.49)	(10.41)
Growth	0.000	0.000	0.000	-0.001	-0.001	-0.001
	(0.27)	(0.28)	(0.32)	(-1.26)	(-1.33)	(-1.36)
Indep	0.011	0.011	0.011	-0.006	-0.005	-0.004
	(1.26)	(1.28)	(1.27)	(-0.65)	(-0.58)	(-0.44)
Board	0.000*	0.000*	0.000*	0.000	0.000	0.000
	(1.87)	(1.83)	(1.93)	(0.14)	(0.27)	(0.22)
Dual	0.002	0.002	0.002	-0.001	-0.001	-0.001
	(1.57)	(1.58)	(1.61)	(-0.97)	(-1.08)	(-1.00)
Constant	0.111***	0.108***	0.112***	0.114***	0.111***	0.112***
	(10.90)	(10.31)	(10.47)	(8.84)	(8.52)	(8.57)
Industry	Control	Control	Control	Control	Control	Control
Year	Control	Control	Control	Control	Control	Control
Adj. R2	0.249	0.249	0.248	0.250	0.249	0.246
Obs	6343	6343	6343	5303	5303	5303

注：括号内为 t 值，* $p<0.10$，** $p<0.05$，*** $p<0.01$。

表 5-7 列示了同产权性质下地理距离对不当在职消费(Abperks)的影响结果，在国企中我们可以发现，前三列的回归系数分别为 0.230、0.348 和 0.237，均在 1%的统计水平上显著，说明国企管理层的不当在职消费存在互相攀比。在民营组中，地理距离对不当在职消费 Abperks 的影响结果主要解释变量的系数分别为 0.275、0.349 和 0333，也均在 1%的统计水平上显著，并且系数略大于国企组。综合表 5-6 和表 5-7 的结果，我们认为假设 5-1b 得到了部分的支持。

表 5-7　不同产权性质下地理距离对公司高管不当在职消费 **Abperks** 的影响

	国企			民企		
	(1)	(2)	(3)	(4)	(5)	(6)
被解释变量:	Abperks			Abperks		
Avg1_100	0.230***			0.275***		
	(6.42)			(7.52)		
Avg1_200		0.348***			0.349***	
		(6.48)			(7.45)	
Avg1_300			0.237***			0.333***
			(3.45)			(5.25)
LnMpay	0.007***	0.007***	0.007***	0.010***	0.010***	0.010***
	(11.42)	(11.38)	(11.53)	(14.67)	(14.67)	(15.12)
Msha	0.000	0.000	-0.000	-0.000**	-0.000**	-0.000**
	(0.02)	(0.03)	(-0.07)	(-2.55)	(-2.44)	(-2.37)
Size	-0.006***	-0.006***	-0.006***	-0.004***	-0.004***	-0.004***
	(-9.86)	(-9.71)	(-9.61)	(-4.39)	(-4.44)	(-5.02)
Lev	-0.002	-0.002	-0.002	0.006**	0.006**	0.007***
	(-0.73)	(-0.68)	(-0.89)	(2.01)	(2.26)	(2.59)
LnCash	0.003***	0.003***	0.003***	0.000	0.000	0.001
	(5.54)	(5.32)	(5.34)	(0.75)	(0.80)	(1.22)
ROA	0.029***	0.030***	0.029***	0.089***	0.092***	0.091***
	(3.10)	(3.19)	(3.09)	(9.13)	(9.37)	(9.30)
Growth	-0.001	-0.001	-0.001	-0.001	-0.001	-0.001
	(-1.54)	(-1.54)	(-1.56)	(-1.06)	(-1.12)	(-1.16)
Indep	0.001	0.001	0.000	-0.010	-0.010	-0.008
	(0.10)	(0.15)	(0.04)	(-1.16)	(-1.15)	(-0.96)
Board	-0.000	-0.000	-0.000	0.000	0.000	0.000
	(-0.29)	(-0.36)	(-0.24)	(0.45)	(0.45)	(0.37)
Dual	0.002*	0.002*	0.002*	0.000	-0.000	-0.000
	(1.87)	(1.89)	(1.86)	(0.10)	(-0.06)	(-0.05)

续表

	国企			民企		
	(1)	(2)	(3)	(4)	(5)	(6)
被解释变量：		Abperks			Abperks	
Constant	−0.015	−0.014	−0.017*	−0.065***	−0.065***	−0.065***
	(−1.59)	(−1.52)	(−1.80)	(−5.31)	(−5.31)	(−5.25)
Industry	Control	Control	Control	Control	Control	Control
Year	Control	Control	Control	Control	Control	Control
Adj. R2	0.061	0.061	0.057	0.093	0.093	0.088
Obs	6343	6343	6343	5303	5303	5303

注：括号内为 t 值，* $p<0.10$，** $p<0.05$，*** $p<0.01$。

（二）对“看齐头羊”与高管在职消费的实证检验结果

鉴于假设 5-1 及其子假设的检验结果，产权性质的确影响了高管在职消费在地理上对攀比对象的选择，所以在接下来的检验中，我们将区分产权性质对假设 5-2a 和假设 5-2b 进行验证。

借鉴此前文献的方法和思路（Graham，1999；Hong，Kubik and Solomon，2000；沈艺峰和陈旋，2016），在此本章以公司注册地所在同一个省份，规模为全省前 20%的企业为大规模企业，企业规模为全省前 40%~60%的为中等规模企业。一般而言，规模较大的企业在地区经济里占有较重要的地位和较大的市场比重，具有较高的声誉，其高管在职消费的行为可能具有一定的示范性，具有较高的吸引力。如前文的分析，若以中等规模企业为“头羊”企业时，“看齐头羊”可以得到证实，则假设 5-2b 得以成立，即在我国高管在职消费行为中存在“中庸之道”的羊群行为；而若以大规模企业为“头羊”企业时检验出了“看齐头羊”，则假设 5-2a 可以得到证实，即在我国高管的在职消费行为中存在典型的“看齐头羊”现象。

表 5-8 为“中庸之道”的实证检验结果，其中第(1)列为国企组关于“普通羊”公司在职消费(Perks)是否受到“头羊”公司影响的检验结果；第(3)列为国企组关于“头羊”公司在职消费(Perks)是否受到“普通羊”公司影响的检验结果。第(2)列为国企组关于“普通羊”公司不当在职消费(Abperks)

是否受到“头羊”公司影响的检验结果；第(4)列为国企组关于“头羊”公司不当在职消费(Abperks)是否受到“普通羊”公司影响的检验结果。实证检验结果显示，无论是在职消费(Perks)还是不当在职消费(Abperks)，“普通羊”公司受到“头羊”公司影响的参数估计值为0.085和0.179，均在1%的统计水平上均显著为正，而“头羊”公司在在职消费(Perks)和不当在职消费(Abperks)上均不受“普通羊”的影响。说明国企管理层在职消费(Perks)和不当在职消费(Abperks)受到了“头羊”的影响。与国企类似地，表5-8中第(5)列为民企组关于“普通羊”公司在职消费(Perks)是否受到“头羊”公司影响的检验结果；第(7)列为民企组关于“头羊”公司在职消费(Perks)是否受到“普通羊”公司影响的检验结果。第(6)列为民企组关于“普通羊”公司不当在职消费(Abperks)是否受到“头羊”公司影响的检验结果；第(8)列为民企组关于“头羊”公司不当在职消费(Abperks)是否受到“普通羊”公司影响的检验结果。实证检验结果与国企组类似，表现为民企组“普通羊”公司的在职消费(Perks)和不当在职消费(Abperks)受到了“头羊”公司的影响，而“头羊”公司不受“普通羊”公司的影响。上述结果反映在我国高管在职消费存在“中庸之道”的现象，我国传统的“木秀于林”文化得到证实，假设5-2b得到验证。

另一方面，为了检验假设5-2a，表5-9列示了以规模五等分时的最大组作为“头羊”企业的检验结果。从表5-9中可以看出，民企中并不存在地理上的“看齐头羊”，国企组中尽管不当在职消费(Abperks)的第(2)列和第(4)列的检验结果都正显著，但“头羊”看齐“普通羊”的效应显著强于“普通羊”看齐“头羊”的效应，因而在国企组中不当在职消费(Abperks)不存在模仿大规模企业的“看齐头羊”。尽管关于公司高管在职消费(Perks)的度量结果显示存在一定的“看齐头羊”①，但综合整体结果来看，高管在职消费在地理距离上的“看齐头羊”显著弱于表5-8的“中庸之道”效应，所以，检验结果支持了假设5-2a。

---

①　国企中的正常在职消费(Perks)表现出了一定的“看齐头羊”，可能是因为以“管理费用剔除法”度量的在职消费相对于不当在职消费(Abperks)在那些规模大、声誉高的国企中，更易于为其他国企所观察到，而这些规模大的国企，也不愿意在这方面向其他国企攀比。

表 5-8　公司高管在职消费的“中庸之道”——规模五等分中间组

	(1)	(2)	(3)	(4)	(5)	(6)	(7)	(8)
	国企组				民企组			
	普通羊是否看齐头羊		头羊是否看齐普通羊		普通羊是否看齐头羊		头羊是否看齐普通羊	
被解释变量:	Perks	Abperks	Perks	Abperks	Perks	Abperks	Perks	Abperks
AvgLeader1	0.085***				0.144***			
	(2.73)				(4.19)			
AvgLeader2		0.179***				0.166***		
		(5.25)				(4.67)		
AvgFollower1			0.087				0.120	
			(0.99)				(1.31)	
AvgFollower2				0.127				0.091
				(1.33)				(0.96)
LnMpay	0.007***	0.007***	0.008***	0.009***	0.012***	0.011***	0.009***	0.008***
	(9.10)	(9.62)	(5.41)	(6.03)	(14.87)	(14.73)	(6.28)	(5.90)
Msha	0.000	-0.000	0.001	0.000	-0.000**	-0.000***	0.000	0.000
	(0.41)	(-1.30)	(1.02)	(0.66)	(-2.24)	(-2.58)	(1.05)	(0.58)
Size	-0.011***	-0.006***	-0.011***	-0.008***	-0.012***	-0.004***	-0.013***	-0.008***
	(-14.71)	(-8.98)	(-4.69)	(-3.48)	(-11.61)	(-4.09)	(-4.48)	(-2.78)
Lev	0.006**	0.002	-0.003	-0.010*	0.012***	0.006*	0.024***	0.012**
	(2.05)	(0.63)	(-0.49)	(-1.79)	(3.66)	(1.81)	(3.92)	(2.11)
LnCash	0.003***	0.003***	0.004***	0.004***	0.000	0.001	0.002*	0.001
	(3.77)	(4.64)	(3.13)	(3.23)	(0.06)	(0.75)	(1.77)	(0.90)

续表

	(1)	(2)	(3)	(4)	(5)	(6)	(7)	(8)
	国企组				民企组			
	普通羊是否看齐头羊		头羊是否看齐普通羊		普通羊是否看齐头羊		头羊是否看齐普通羊	
被解释变量：	Perks	Abperks	Perks	Abperks	Perks	Abperks	Perks	Abperks
ROA	0.061***	0.048***	0.061***	0.017	0.109***	0.089***	0.138***	0.121***
	(5.13)	(4.43)	(2.66)	(0.77)	(9.12)	(7.92)	(6.14)	(5.68)
Growth	-0.000	-0.002*	0.001	-0.002	-0.001	-0.001	-0.002	-0.003
	(-0.25)	(-1.95)	(0.38)	(-1.02)	(-0.96)	(-0.50)	(-0.97)	(-1.47)
Indep	0.010	-0.000	0.019	0.009	-0.007	-0.011	0.003	0.006
	(1.01)	(-0.02)	(1.08)	(0.51)	(-0.65)	(-1.11)	(0.17)	(0.30)
Board	0.001***	0.000	-0.000	-0.001**	-0.000	-0.000	0.000	0.001
	(2.88)	(1.40)	(-0.51)	(-2.14)	(-0.14)	(-0.23)	(0.52)	(0.96)
Dual	0.003*	0.003**	0.000	0.001	-0.001	0.000	-0.002	-0.001
	(1.74)	(2.17)	(0.17)	(0.40)	(-0.64)	(0.46)	(-1.09)	(-0.52)
Constant	0.129***	-0.005	0.110**	0.011	0.126***	-0.066***	0.136**	0.019
	(12.22)	(-0.54)	(2.50)	(0.25)	(9.24)	(-5.09)	(2.31)	(0.34)
Industry	Control	Control	Control	Control	Control	Control	Control	Control
Year	Control	Control	Control	Control	Control	Control	Control	Control
Adj. R2	0.252	0.059	0.219	0.069	0.260	0.093	0.189	0.098
Obs	5211	5211	1318	1318	4363	4363	1112	1112

注：括号内为 t 值，* $p<0.10$，** $p<0.05$，*** $p<0.01$。

表 5-9 公司高管在职消费的“看齐头羊”检验——规模五等分最大组

	(1)	(2)	(3)	(4)	(5)	(6)	(7)	(8)
	国企组				民企组			
	普通羊是否看齐头羊		头羊是否看齐普通羊		普通羊是否看齐头羊		头羊是否看齐普通羊	
被解释变量:	Perks	Abperks	Perks	Abperks	Perks	Abperks	Perks	Abperks
AvgLeader1	0.096***				-0.028			
	(3.18)				(-1.04)			
AvgLeader2		0.138***				-0.029		
		(4.42)				(-0.82)		
AvgFollower1			0.057				-0.054	
			(0.64)				(-0.54)	
AvgFollower2				0.306***				-0.029
				(3.27)				(-0.28)
LnMpay	0.008***	0.008***	0.004***	0.004***	0.013***	0.012***	0.008***	0.007***
	(10.28)	(10.71)	(3.52)	(3.63)	(15.22)	(14.91)	(5.77)	(5.89)
Msha	0.000	-0.000	0.004***	0.003**	-0.000	-0.000	-0.000	-0.000
	(0.20)	(-1.33)	(2.75)	(2.53)	(-0.91)	(-1.38)	(-0.55)	(-1.23)
Size	-0.013***	-0.006***	-0.006***	-0.004***	-0.014***	-0.003***	-0.007***	-0.004*
	(-14.54)	(-7.14)	(-4.68)	(-3.38)	(-12.89)	(-3.19)	(-3.27)	(-1.88)
Lev	0.009***	0.001	-0.015***	-0.019***	0.019***	0.011***	-0.010	-0.016**
	(2.89)	(0.51)	(-2.78)	(-3.68)	(5.47)	(3.48)	(-1.40)	(-2.51)
LnCash	0.002***	0.002***	0.004***	0.004***	0.001	0.001	0.002	0.002
	(3.38)	(3.85)	(3.55)	(3.62)	(1.14)	(1.27)	(1.48)	(1.38)

续表

	(1)	(2)	(3)	(4)	(5)	(6)	(7)	(8)
	国企组				民企组			
	普通羊是否看齐头羊		头羊是否看齐普通羊		普通羊是否看齐头羊		头羊是否看齐普通羊	
被解释变量:	Perks	Abperks	Perks	Abperks	Perks	Abperks	Perks	Abperks
ROA	0.072***	0.051***	0.001	-0.021	0.110***	0.093***	0.153***	0.119***
	(5.95)	(4.62)	(0.06)	(-1.00)	(9.02)	(8.04)	(6.38)	(5.23)
Growth	-0.000	-0.002*	0.001	-0.001	-0.001	-0.001	-0.003	-0.002
	(-0.33)	(-1.84)	(0.30)	(-0.61)	(-0.73)	(-0.73)	(-1.44)	(-1.02)
Indep	0.001	-0.005	0.016	0.001	-0.012	-0.010	0.029	0.005
	(0.12)	(-0.58)	(1.21)	(0.09)	(-1.07)	(-0.98)	(1.58)	(0.29)
Board	0.000	-0.000	0.001***	0.001**	0.000	0.000	-0.000	0.000
	(1.23)	(-0.68)	(3.45)	(2.16)	(0.18)	(0.40)	(-0.46)	(0.24)
Dual	0.003*	0.003**	-0.003	-0.002	-0.002*	-0.001	0.004*	0.004**
	(1.69)	(2.12)	(-0.93)	(-0.59)	(-1.69)	(-0.48)	(1.87)	(2.21)
Constant	0.171***	-0.007	0.065***	-0.002	0.165***	-0.098***	0.046	-0.038
	(12.57)	(-0.57)	(2.63)	(-0.07)	(9.08)	(-5.67)	(1.35)	(-1.22)
Industry	Control	Control	Control	Control	Control	Control	Control	Control
Year	Control	Control	Control	Control	Control	Control	Control	Control
Adj. R2	0.223	0.055	0.313	0.113	0.217	0.088	0.357	0.150
Obs	5296	5296	1142	1142	4306	4306	953	953

注：括号内为 t 值，$*p<0.10$，$**p<0.05$，$***p<0.01$。

(三)对“八项规定”与在职消费的实证检验结果

2012年12月4日，中央政治局通过关于改进工作作风、密切联系群众的“八项规定”，其中涉及的“招待、宴请和生活待遇”等不可避免地对国企在职消费产生直接影响。表5-10用双重差分的方法检验了八项规定前后国企在职消费的变化状况。参照组为民企，时间点为“八项规定”政策时间(Corr)，政策干预后即2013年及以后取值为1，否则为0。结果表明“八项规定”对国企在职消费(Perks)和不当在职消费(Abperks)具有抑制作用，说明“八项规定”后国企在职消费行为受到较大的冲击，在此基础上，政策改变是否会改变到地理距离对于在职消费的影响呢？表5-11对此进行了检验。

表5-10　　**“八项规定”对国企在职消费的DID**

Perks							
Outcome Variable(s)	Control	treated	Diff(BL)	Control	treated	Diff(FU)	DIFF-IN-DIFF
Perks	0.140	0.150	0.009	0.144	0.149	0.005	−0.004
Std. Error	0.010	0.010	0.001	0.010	0.010	0.001	0.002
P>|t|	0.000	0.000	0.000	0.000	0.000	0.000	0.008
Abperks							
Outcome Variable(s)	Control	treated	Diff(BL)	Control	treated	Diff(FU)	DIFF-IN-DIFF
Abperks	−0.049	−0.040	0.009	−0.046	−0.040	0.006	−0.003
Std. Error	0.009	0.009	0.001	0.009	0.009	0.001	0.001
P>|t|	0.000	0.000	0.000	0.000	0.000	0.000	0.019

表5-11第(1)列和第(2)列为国企组中“八项规定”对地理距离与在职消费(Perks)关系的影响，第(3)列和第(4)列为国企组反腐败对地理距离

表 5-11 “八项规定”对地理距离和在职消费的影响

	(1)	(2)	(3)	(4)	(5)	(6)	(7)	(8)
	国企组				民企组			
被解释变量:	Perks		Abperks		Perks		Abperks	
Avg1_200	0. 202***				0. 285***			
	(3. 36)				(5. 35)			
Corr×Avg1_200	−0. 059				−0. 059			
	(−0. 48)				(−0. 58)			
Median1_200		0. 131**				0. 265***		
		(2. 37)				(4. 93)		
Corr×Med1_200		0. 095				0. 019		
		(0. 67)				(0. 15)		
Avg2_200			0. 389***				0. 358***	
			(6. 42)				(6. 76)	
Corr×Avg2_200			−0. 185				−0. 038	
			(−1. 46)				(−0. 35)	
Median2_200				0. 422***				0. 366***
				(7. 12)				(6. 87)

续表

	(1)	(2)	(3)	(4)	(5)	(6)	(7)	(8)
	国企组				民企组			
被解释变量：	Perks		Abperks		Perks		Abperks	
Corr×Med2_200				-0.271*				-0.031
				(-1.66)				(-0.21)
Corr	-0.004	-0.011*	-0.003*	-0.004**	-0.002	-0.006	-0.002	-0.004
	(-0.74)	(-1.84)	(-1.85)	(-2.23)	(-0.29)	(-0.98)	(-1.04)	(-1.41)
LnMpay	0.008***	0.008***	0.007***	0.007***	0.011***	0.011***	0.010***	0.010***
	(11.23)	(11.19)	(11.35)	(11.29)	(15.72)	(15.64)	(14.67)	(14.62)
Msha	0.000***	0.000***	-0.000	-0.000	-0.000**	-0.000*	-0.000**	-0.000**
	(2.73)	(2.73)	(-0.02)	(-0.01)	(-1.98)	(-1.95)	(-2.44)	(-2.44)
Size	-0.011***	-0.011***	-0.006***	-0.006***	-0.012***	-0.012***	-0.004***	-0.004***
	(-16.05)	(-16.03)	(-9.70)	(-9.63)	(-13.35)	(-13.50)	(-4.45)	(-4.55)
Lev	0.002	0.002	-0.002	-0.002	0.014***	0.014***	0.006**	0.007**
	(0.81)	(0.76)	(-0.69)	(-0.75)	(4.77)	(4.79)	(2.26)	(2.35)
LnCash	0.003***	0.003***	0.003***	0.003***	0.001	0.001	0.000	0.001
	(4.62)	(4.65)	(5.31)	(5.25)	(0.89)	(1.08)	(0.81)	(0.97)
ROA	0.044***	0.044***	0.031***	0.030***	0.109***	0.109***	0.092***	0.092***
	(4.23)	(4.22)	(3.22)	(3.20)	(10.49)	(10.50)	(9.37)	(9.39)

续表

	(1)	(2)	(3)	(4)	(5)	(6)	(7)	(8)
	国企组				民企组			
被解释变量:	Perks		Abperks		Perks		Abperks	
Growth	0.000	0.000	-0.001	-0.001	-0.001	-0.001	-0.001	-0.001
	(0.28)	(0.31)	(-1.54)	(-1.56)	(-1.33)	(-1.32)	(-1.12)	(-1.14)
Indep	0.011	0.011	0.001	0.001	-0.005	-0.005	-0.010	-0.011
	(1.27)	(1.27)	(0.13)	(0.11)	(-0.56)	(-0.58)	(-1.14)	(-1.20)
Board	0.000*	0.000*	-0.000	-0.000	0.000	0.000	0.000	0.000
	(1.82)	(1.91)	(-0.35)	(-0.38)	(0.27)	(0.23)	(0.45)	(0.45)
Dual	0.002	0.002	0.002*	0.002*	-0.001	-0.001	-0.000	-0.000
	(1.59)	(1.53)	(1.89)	(1.83)	(-1.07)	(-1.08)	(-0.06)	(-0.06)
Constant	0.107***	0.111***	-0.014	-0.012	0.110***	0.113***	-0.065***	-0.063***
	(10.17)	(10.60)	(-1.50)	(-1.30)	(8.41)	(8.71)	(-5.31)	(-5.15)
Industry	Control	Control	Control	Control	Control	Control	Control	Control
Year	Control	Control	Control	Control	Control	Control	Control	Control
Adj. R2	0.249	0.248	0.061	0.063	0.248	0.248	0.093	0.092
Obs	6343	6343	6343	6343	5303	5303	5303	5303

注：括号内为 t 值，* $p<0.10$，** $p<0.05$，*** $p<0.01$。

和不当在职消费(Abperks)的影响，分别用方圆 200 千米内其他公司高管在职消费的均值和中位数作为解释变量，在第(1)列 Corr×Avg1_200 和第(2)列 Corr×Med1_200 的系数均为不显著，表明管理层在职消费在地理距离上的互相攀比并未受到“八项规定”的出台而有所削弱。但第(4)列 Corr×Med2_200 的系数为-0.271，在 10%的水平上显著为负，说明党的“八项规定”出台后，管理层非正当在职消费(Abperks)在地理距离上的互相攀比被削弱。民企作为对照组，可以发现无论是在职消费(Perks)还是非正当在职消费(Abperks)在“八项规定”前后均无明显的变化。假设 5-3 在此得到了一定程度的支持。

第五节　稳健性检验

一、地理距离与公司高管在职消费的稳健性检验

考虑到地理邻近可能产生的行业聚集效应，我们加入同行业的平均值 AvgIndus 以控制行业因素的影响。稳健性结果如表 5-12 所示。表 5-12 前三列为模型(5.1)的结果，从表 5-12 中可以看到，在控制行业均值后，公司高管在职消费仍存在互相攀比的情况，并且这种情况随着距离的扩大而呈减弱的趋势。第(1)列、第(2)列和第(3)列的回归系数分别为 0.185、0.178 和 0.119，分别在 1%、1%和 10%的统计水平上显著。而在不当在职消费方面，即表 5-12 的后三列，控制了行业均值后主要解释变量的系数仍显著为正并在 1%的统计水平上显著，但公司高管不当在职消费并未显著受到同行业的影响。稳健性检验的结果与前文的实证检验结果保持了一致。

表 5-12　　稳健性检验之控制行业平均

	(1)	(2)	(3)	(4)	(5)	(6)
被解释变量	Perks			Abperks		
Avg1_100	0.183***					
	(6.15)					
Avg1_200		0.179***				
		(3.67)				
Avg1_300			0.119*			
			(1.84)			
Avg2_100				0.269***		
				(9.23)		
Avg2_200					0.361***	
					(8.12)	
Avg2_300						0.315***
						(5.24)
AvgIndus	0.586***	0.589***	0.588***	-0.160	-0.158	-0.170
	(7.42)	(7.45)	(7.43)	(-0.74)	(-0.73)	(-0.78)
LnMpay	0.009***	0.009***	0.009***	0.008***	0.008***	0.009***
	(18.48)	(18.73)	(18.90)	(18.41)	(18.46)	(18.91)
Msha	-0.000**	-0.000**	-0.000**	-0.000***	-0.000***	-0.000***
	(-2.32)	(-2.23)	(-2.16)	(-3.59)	(-3.48)	(-3.38)
Size	-0.011***	-0.011***	-0.011***	-0.005***	-0.005***	-0.005***
	(-20.65)	(-20.69)	(-20.79)	(-10.34)	(-10.30)	(-10.58)
Lev	0.010***	0.010***	0.010***	0.005***	0.005**	0.005***
	(5.03)	(4.98)	(4.97)	(2.60)	(2.56)	(2.61)
LnCash	0.001***	0.001***	0.001***	0.002***	0.001***	0.002***
	(3.07)	(3.05)	(3.18)	(3.83)	(3.64)	(3.91)

续表

	(1)	(2)	(3)	(4)	(5)	(6)
被解释变量		Perks			Abperks	
ROA	0.086***	0.086***	0.086***	0.071***	0.072***	0.072***
	(11.60)	(11.64)	(11.59)	(10.35)	(10.42)	(10.34)
Growth	-0.001	-0.001	-0.001	-0.001**	-0.001**	-0.001**
	(-1.14)	(-1.10)	(-1.09)	(-2.16)	(-2.12)	(-2.14)
Indep	0.008	0.008	0.009	-0.002	-0.002	-0.002
	(1.37)	(1.39)	(1.44)	(-0.43)	(-0.38)	(-0.31)
Board	0.000**	0.000**	0.000**	0.000	0.000	0.000
	(2.44)	(2.48)	(2.54)	(0.47)	(0.48)	(0.58)
Dual	0.000	0.000	0.000	0.001	0.001	0.001
	(0.57)	(0.49)	(0.51)	(1.38)	(1.28)	(1.27)
SOE	0.007***	0.007***	0.007***	0.007***	0.007***	0.007***
	(10.62)	(10.76)	(10.79)	(10.80)	(11.21)	(11.21)
Constant	0.092***	0.091***	0.093***	-0.028***	-0.027***	-0.029***
	(11.56)	(11.23)	(11.17)	(-4.10)	(-4.01)	(-4.24)
Industry	Control	Control	Control	Control	Control	Control
Year	Control	Control	Control	Control	Control	Control
Adj. R2	0.240	0.239	0.238	0.073	0.072	0.069
Obs	12136	12136	12136	12136	12136	12136

注：括号内为 t 值，* $p<0.10$，** $p<0.05$，*** $p<0.01$。

接下来我们对区分产权性质的假设 5-1b 进行稳健性检验，以 200 千米为例列示了以中位数度量地理邻近公司在职消费的情况，结果如表 5-13 所示，结果与表 5-6 和表 5-7 一致，并未发生显著改变。

表 5-13　稳健性检验之区分产权性质——以 200 千米的中位数为例

	国企		民企	
	(1)	(2)	(3)	(4)
被解释变量:	Perks	Abperks	Perks	Abperks
Median1_200	0.145***		0.268***	
	(2.84)		(5.47)	
Median2_200		0.387***		0.362***
		(6.98)		(7.19)
LnMpay	0.008***	0.007***	0.011***	0.010***
	(11.19)	(11.32)	(15.66)	(14.63)
Msha	0.000***	-0.000	-0.000*	-0.000**
	(2.73)	(-0.01)	(-1.95)	(-2.44)
Size	-0.011***	-0.006***	-0.012***	-0.004***
	(-16.02)	(-9.61)	(-13.51)	(-4.55)
Lev	0.002	-0.002	0.014***	0.007**
	(0.75)	(-0.76)	(4.79)	(2.35)
LnCash	0.003***	0.003***	0.001	0.001
	(4.65)	(5.24)	(1.08)	(0.97)
ROA	0.044***	0.030***	0.109***	0.092***
	(4.22)	(3.16)	(10.50)	(9.40)
Growth	0.000	-0.001	-0.001	-0.001
	(0.31)	(-1.55)	(-1.32)	(-1.15)
Indep	0.011	0.001	-0.005	-0.011
	(1.26)	(0.12)	(-0.58)	(-1.20)
Board	0.000*	-0.000	0.000	0.000
	(1.91)	(-0.38)	(0.23)	(0.45)
Dual	0.002	0.002*	-0.001	-0.000
	(1.55)	(1.80)	(-1.08)	(-0.06)
Constant	0.110***	-0.012	0.113***	-0.063***
	(10.58)	(-1.34)	(8.72)	(-5.15)

续表

	国企		民企	
	（1）	（2）	（3）	（4）
被解释变量：	Perks	Abperks	Perks	Abperks
Industry	Control	Control	Control	Control
Year	Control	Control	Control	Control
Adj. R2	0.248	0.062	0.248	0.093
Obs	6343	6343	5303	5303

注：括号内为 t 值，$*p<0.10$，$**p<0.05$，$***p<0.01$。

二、“看齐头羊”与公司高管在职消费的稳健性检验

在“看齐头羊”的检验中，前文以五等分的中间组验证了我国上市公司高管在职消费存在地理距离上的“中庸之道”，在此，我们将五等分改为三等分的划分方式，具体实证结果如表 5-14 所示。在三等分的划分方式下，在民企中，两种度量方式的公司高管在职消费都呈现出向中等规模攀比的“看齐头羊”，也即是表现出“中庸之道”。在国企中，以正当在职消费(Perks)度量的在职消费表现出明显的向中等规模公司高管在职消费攀比的现象，且中等规模的公司不向非中等规模公司攀比的现象，很明显表现出“中庸之道”；而以不当在职消费(Abperks)度量的在职消费中，非中等规模公司表现出向中等规模公司高管不当在职消费攀比的现象，同时中等规模公司也向其他规模公司高管不当在职消费攀比的现象，但前者的系数和显著性都明显大于后者，所以仍然表现出向中等规模公司攀比的“看齐头羊”的现象(Bouwman，2012)。这种向中间规模公司攀比的现象也即是前文所说的“中庸之道”，所以不论是在国企还是民企中，高管的在职消费均存在地理上的“中庸之道”，假设 5-2b 在此仍然得到了验证。

表 5-14 看齐头羊之稳健性检验——以三等分中间组为头羊

	(1)	(2)	(3)	(4)	(5)	(6)	(7)	(8)
	国企				民企			
被解释变量:	Perks	Abperks	Perks	Abperks	Perks	Abperks	Perks	Abperks
AvgLeader1	0.091**				0.160***			
	(2.16)				(3.37)			
AvgLeader2		0.232***				0.243***		
		(5.09)				(4.86)		
AvgFollower1			0.079				0.041	
			(1.24)				(0.79)	
AvgFollower2				0.160**				0.045
				(2.41)				(0.81)
LnMpay	0.008***	0.007***	0.006***	0.006***	0.012***	0.011***	0.011***	0.010***
	(9.03)	(9.24)	(5.41)	(5.95)	(13.19)	(13.00)	(9.86)	(9.61)
Msha	0.000	-0.000	0.000	-0.000	-0.000***	-0.000***	0.000	0.000
	(0.73)	(-0.87)	(0.24)	(-0.18)	(-2.93)	(-3.36)	(1.23)	(0.81)

续表

	(1)	(2)	(3)	(4)	(5)	(6)	(7)	(8)
	国企				民企			
被解释变量：	Perks	Abperks	Perks	Abperks	Perks	Abperks	Perks	Abperks
Size	-0.011***	-0.006***	-0.013***	-0.009***	-0.012***	-0.004***	-0.011***	-0.005**
	(-12.98)	(-7.42)	(-7.34)	(-5.56)	(-10.82)	(-3.97)	(-5.74)	(-2.47)
Lev	0.005	0.000	0.006	-0.002	0.011***	0.005	0.020***	0.009**
	(1.37)	(0.14)	(1.24)	(-0.54)	(3.01)	(1.45)	(4.22)	(2.07)
LnCash	0.002***	0.002***	0.004***	0.004***	0.000	0.001	0.001	0.001
	(2.64)	(3.27)	(4.18)	(4.74)	(0.29)	(0.99)	(1.48)	(0.70)
ROA	0.051***	0.038***	0.088***	0.054***	0.100***	0.083***	0.133***	0.111***
	(3.91)	(3.16)	(4.90)	(3.22)	(7.52)	(6.62)	(7.98)	(6.91)
Growth	-0.001	-0.002**	0.001	-0.001	-0.001	-0.000	-0.001	-0.002
	(-0.56)	(-2.15)	(0.57)	(-0.61)	(-1.17)	(-0.33)	(-0.37)	(-1.38)
Indep	0.013	0.003	0.001	-0.007	-0.004	-0.013	-0.007	-0.000
	(1.22)	(0.29)	(0.06)	(-0.54)	(-0.34)	(-1.14)	(-0.48)	(-0.03)

续表

	(1)	(2)	(3)	(4)	(5)	(6)	(7)	(8)
	国企				民企			
被解释变量:	Perks	Abperks	Perks	Abperks	Perks	Abperks	Perks	Abperks
Board	0.001***	0.000	0.000	-0.001	-0.000	-0.000	0.000	0.000
	(2.76)	(1.33)	(0.14)	(-1.42)	(-0.20)	(-0.29)	(0.22)	(0.76)
Dual	0.005***	0.005***	-0.004*	-0.002	-0.001	0.000	-0.001	-0.000
	(3.09)	(3.29)	(-1.79)	(-1.12)	(-0.64)	(0.29)	(-0.80)	(-0.05)
Constant	0.121***	-0.011	0.151***	0.037	0.131***	-0.060***	0.098***	-0.055
	(10.81)	(-1.05)	(4.81)	(1.25)	(8.86)	(-4.31)	(2.77)	(-1.60)
Industry	Control	Control	Control	Control	Control	Control	Control	Control
Year	Control	Control	Control	Control	Control	Control	Control	Control
Adj. R2	0.262	0.064	0.221	0.058	0.264	0.091	0.207	0.100
Obs	4276	4276	2265	2265	3607	3607	1976	1976

注：括号内为 t 值，$^{*}p<0.10$，$^{**}p<0.05$，$^{***}p<0.01$。

表 5-15　**八项规定交乘的稳健性检验——以 100 千米为例**

	(1)	(2)	(3)	(4)	(5)	(6)	(7)	(8)
	国企组				民企组			
被解释变量:	Perks	Perks	Abperks	Abperks	Perks	Perks	Abperks	Abperks
Avg1_100	0. 136***				0. 249***			
	(3. 40)				(6. 29)			
Corr×Avg1_200	-0. 018				-0. 086			
	(-0. 23)				(-1. 14)			
Median1_100		0. 058				0. 225***		
		(1. 62)				(6. 06)		
Corr×Med1_200		0. 010				-0. 085		
		(0. 10)				(-0. 88)		
Avg2_100			0. 242***				0. 298***	
			(5. 88)				(7. 08)	
Corr×Avg2_200			-0. 048				-0. 087	
			(-0. 59)				(-1. 08)	
Median2_100				0. 207***				0. 247***
				(5. 05)				(6. 31)

续表

	(1)	(2)	(3)	(4)	(5)	(6)	(7)	(8)
	国企组				民企组			
被解释变量：	Perks	Perks	Abperks	Abperks	Perks	Perks	Abperks	Abperks
Corr×Med2_200				-0.196*				-0.074
				(-1.78)				(-0.68)
Corr	-0.006	-0.008*	-0.003*	-0.004**	-0.000	-0.001	-0.003	-0.004
	(-1.50)	(-1.81)	(-1.87)	(-2.03)	(-0.03)	(-0.27)	(-1.13)	(-1.49)
LnMpay	0.008***	0.008***	0.007***	0.007***	0.011***	0.011***	0.010***	0.010***
	(11.08)	(11.09)	(11.41)	(11.73)	(15.72)	(15.91)	(14.71)	(14.91)
Msha	0.000***	0.000***	0.000	0.000	-0.000**	-0.000**	-0.000**	-0.000**
	(2.72)	(2.70)	(0.00)	(0.00)	(-2.10)	(-2.04)	(-2.54)	(-2.48)
Size	-0.011***	-0.011***	-0.006***	-0.006***	-0.012***	-0.012***	-0.004***	-0.004***
	(-16.10)	(-16.01)	(-9.86)	(-9.80)	(-13.32)	(-13.49)	(-4.40)	(-4.60)
Lev	0.002	0.002	-0.002	-0.002	0.014***	0.014***	0.006**	0.006**
	(0.83)	(0.77)	(-0.73)	(-0.89)	(4.53)	(4.57)	(2.01)	(2.15)
LnCash	0.003***	0.003***	0.003***	0.003***	0.001	0.001	0.000	0.001
	(4.72)	(4.69)	(5.54)	(5.53)	(0.81)	(0.99)	(0.77)	(0.92)
ROA	0.044***	0.044***	0.029***	0.029***	0.107***	0.107***	0.089***	0.090***
	(4.22)	(4.21)	(3.11)	(3.04)	(10.28)	(10.33)	(9.13)	(9.20)

续表

	(1)	(2)	(3)	(4)	(5)	(6)	(7)	(8)
	国企组				民企组			
被解释变量:	Perks	Perks	Abperks	Abperks	Perks	Perks	Abperks	Abperks
Growth	0.000	0.000	-0.001	-0.001	-0.001	-0.001	-0.001	-0.001
	(0.27)	(0.31)	(-1.54)	(-1.59)	(-1.26)	(-1.30)	(-1.07)	(-1.11)
Indep	0.010	0.011	0.001	0.001	-0.006	-0.006	-0.010	-0.010
	(1.25)	(1.27)	(0.09)	(0.07)	(-0.62)	(-0.66)	(-1.14)	(-1.15)
Board	0.000*	0.000*	-0.000	-0.000	0.000	0.000	0.000	0.000
	(1.87)	(1.93)	(-0.30)	(-0.35)	(0.13)	(0.08)	(0.45)	(0.43)
Dual	0.002	0.002	0.002*	0.002*	-0.001	-0.001	0.000	0.000
	(1.57)	(1.59)	(1.87)	(1.85)	(-0.97)	(-0.97)	(0.10)	(0.13)
Constant	0.111***	0.114***	-0.015	-0.017*	0.113***	0.115***	-0.065***	-0.065***
	(10.83)	(11.06)	(-1.58)	(-1.79)	(8.66)	(8.89)	(-5.33)	(-5.30)
Industry	Control	Control	Control	Control	Control	Control	Control	Control
Year	Control	Control	Control	Control	Control	Control	Control	Control
Adj. R2	0.249	0.248	0.061	0.059	0.250	0.249	0.093	0.091
Obs	6343	6343	6343	6343	5303	5303	5303	5303

注：括号内为 t 值，$*p<0.10$，$**p<0.05$，$***p<0.01$。

三、“八项规定”对地理距离与在职消费影响的稳健性检验

在此，我们以 100 千米为例，验证不同地理距离下“八项规定”的出台是否依然削弱了国企高管间在地理上的在职消费互相攀比。表 5-15 与表 5-11的结果类似，“八项规定”的颁布削弱了国企高管在职消费在地理上向典型国企的互相攀比，而该政策对民企组并没有产生显著影响，与此前的检验结果保持了一致。

第六节　结论与启示

本章运用 2005—2014 年的上市 A 股公司数据，在区分产权性质的基础上检验公司高管在职消费是否存在地理距离上的“互相攀比”和“看齐头羊”，同时证实中央的“八项规定”的确具有抑制国企在职消费作用。我们还检验了该项政策是否也具有削弱国企高管在职消费在地理上的“互相攀比”的效果。本章采用两种度量方式来度量在职消费，在职消费(Perks)和不当在职消费(Abperks)。实证检验的结果表明，不论国企还是民企，其在职消费的金额均存在地理距离上向同类型企业的“互相攀比”。与此同时，本章还发现，高管在职消费存在向中等规模看齐的“中庸之道”而非传统的“看齐头羊”，从而肯定了我国传统文化的影响作用，为从地理角度理解影响企业在职消费因素增添了新的视角。此外，本章还发现“八项规定”不仅削弱了国企高管的在职消费，还抑制了国企高管在地理距离上的“互相攀比”。本章的发现不仅从地理距离的角度拓宽了影响公司高管在职消费因素的研究视角，还肯定了我国传统文化的影响作用以及“八项规定”等反腐政策的有效性，具有一定的理论和现实意义。

第六章
地理距离与公司慈善捐赠

第一节　引　　言

作为企业社会责任重要组成部分，企业的慈善捐赠历来备受社会各界的关注。随着越来越多的上市公司开始涉足慈善领域，捐赠多少才合适的难题正困扰着企业的决策者。《金证券》的记者在调查A股上市公司的捐赠金额确定标准时发现捐多少合适已成为一个普遍性难题①。正因为备受关注，所以如何捐赠、捐赠多少才能平衡好公司和各方的利益的确是一个棘手的问题。尽管有此困扰，但近几年仍有过半的企业参与了慈善捐赠，那么他们的决策是经由怎样的考虑而制定的呢？现有的研究发现，企业的慈善捐赠会考虑企业的绩效、现金流状况、公司治理状况、税收政策、广告效应以及战略性因素等（山立威等，2008；Zhang，Rezaee，and Zhu，2010；高勇强等，2012），鲜有文献考虑地理因素对企业慈善捐赠的影响。

大量的研究表明，在交通工具和通信技术发达的今日，企业的地理因素（地理距离和地理位置）依然深刻影响着企业在资本市场上的交易行为和定价行为（Coval and Moskowitz，2001；Ivkovic and Weisbenner，2005），同时也对公司治理及其投融资等行为产生了重要的影响（Kang and Kim，2008；Bouwman，2012；沈艺峰和陈旋，2016 等）。Coval 和 Moskowitz

① 资料来源于新浪财经的转载，具体网址如下：http：//finance. sina. com. cn/360desktop/stock/data/20130502/093915327480. shtml？qq-pf-to=pcqq. c2c

(2001)发现基金经理会更多利用地理位置上所占有的信息优势，在投资组合中更多选择当地公司的股票进行交易以获取更高的收益率。类似地，Ivkovic 和 Weisbenner(2005)研究家庭投资者对当地及外地公司股票的投资偏好时也发现，家庭投资者利用信息优势可以从投资当地公司股票中获取更多的收益。上述两篇文章中地理位置造成投资者不同的投资收益率都是源于信息不对称，而信息不对称理论也同样贯彻于其他研究公司财务行为和地理位置或距离的相关研究中。Kang 和 Kim(2008)对美国 799 起大宗并购案件的分析同样表明，在选择收购目标时收购方公司对不同地理位置远近的目标公司有不同的偏好，并且认为在公司信息不透明的情况下，地理位置所带来的信息优势会左右投资者的并购行为。Bouwman(2012)则在研究地理位置对高管薪酬的影响时发现，高管薪酬与方圆 100 千米或 250 千米范围内其他公司的高管薪酬呈显著的相关关系，并且这种相关关系极有可能是同一行业、类似规模、地理相近的公司高管之间互相攀比的结果。国内学者的研究也有类似的发现，比如沈艺峰和陈旋(2016)的研究发现，中国外部独立董事的薪酬之间也存在着地理距离内的互相看齐现象。

目前鲜有文献考虑地理因素对企业慈善捐赠行为的影响。据笔者所知，目前与地理因素有关的研究中仅有发现上市公司可以提高其总部所在地的非营利组织额外收入的研究(Card, Hallock, and Moretti, 2010)，另有研究在三大洲的突发灾害中，世界 500 强企业不同的捐赠行为模式的文献(Muller and Whiteman, 2009)。但从整体上探究地理距离等因素究竟如何影响企业慈善捐赠的文献却相对缺乏，本章则尝试以中国上市公司的慈善捐赠为背景探索上述问题。利用中国公司研究此问题具有独特的优势：首先，中国幅员辽阔，为从地理视角研究企业慈善捐赠提供了有利的研究条件；其次，中国政治和制度背景统一的同时各地区经济发展又存在一定的差异，同时拥有诸如儒家等传统文化背景；最后，由于灾害频发，中国背景又提供了研究突发灾难情景下公司慈善捐赠行为的可能性。

本章从经济地理学入手，基于地理因素造成企业之间的信息不对称现象，探究了企业慈善捐赠行为是否受到一定地理距离内其他企业捐赠行为的影响。通过对我国 2005—2014 年上市公司捐赠行为的分析，本章证明了我国上市公司捐赠行为的可能性受到了一定地理距离内其他公司的影响，同时企业捐赠额的多少，也受到了一定地理距离内其他上市公司捐赠额的影响，而这种现象可能是由于企业捐赠行为之间的“互相看齐”及中国传统文化所造成。并且在市场化进程高的地区及民企中，这种关系更为强烈。而在进一步研究中，通过对比汶川地震捐赠样本的分析，本章发现在特殊灾难面前，企业的捐赠行为受到地理邻近企业影响的关系却不复存在。本章首次从地理距离的角度探寻企业捐赠行为，为企业的捐赠行为受到一定地理距离范围内其他企业的影响提供了经验证据，证明了这种关系普遍存在的同时也发现特殊事件会破坏这种关系。本章拓展了企业捐赠行为的研究视野，为中国传统文化可能影响企业社会责任提供了证据，也为企业经营决策研究提供了新的视角。

本章余下内容安排如下：第二部分是理论分析与研究假设；第三部分是研究设计；第四、五部分是实证结果及分析；最后是对本章的小结。

第二节　研究假设

一、地理距离与企业慈善捐赠

对于企业捐赠行为的动机分析，一般存在以下三种观点：企业的捐赠行为的声誉动机、与政府互利互惠的政治动机和企业捐赠的战略动机。而作为企业捐赠动机中主要的声誉动机，相关研究表明企业捐赠可以为公司起到广告效果、提高声誉，从而起到广告效果最终为企业带来价值（Navarro，1988；Strahilevitz，1999；Brown，Helland，and Smith，2006；山立威、甘犁和郑涛，2008）。Navarro（1988）率先通过模型和实证分析指出公司利用捐款起到广告效果，并且可抵税来最大化利润。Brammer 和 Millington（2005）认为企业慈善捐赠行为可以通过塑造捐赠公司在利益相关者中的形象以提升公司的声誉，而这种提升作用随行业变化的特征十分明显，也就是说在不同行业中企业慈善捐赠行为的声誉效应存在较大差异。具有类似发现的还有 Brown、Helland 和 Smith(2006)以及李四海等(2016)，他们也都肯定了企业慈善捐赠所存在的广告效应以及信号传递机制，肯定企业决策者利用捐赠行为维护企业的声誉，进而为公司或高管自身谋求利益的行为。当企业为了达到捐赠的声誉目的，捐赠多少才能达到声誉目的并能平衡好成本与收益就成为了企业决策层需要考虑的问题。

声誉动机的存在促使企业的捐款存在攀比的可能性，捐赠多少合适成为企业面临的难题。如果不考虑捐赠的具体方式，那么企业每年的捐赠额就会成为企业之间相互攀比的标准，由于“互相攀比”和“锦标竞争”的存在，企业捐款额度的确定会受到其他企业捐款情况的影响。“互相攀比”一词最初来自于社会心理学的概念，后来被逐步引入经济管理领域之中，卢洪友和龚锋(2007)在研究地方政府间预算支出的交互影响时，对公务消费型支出的“互相攀比”这样定义，“即一省提高公务员待遇，增加公务消费，将引致经济状况与其相似的省区提高公务消费水平”。卢现祥和李晓敏(2010)通过研究世界500强企业对汶川地震的捐款情况，发现跨国企业的捐款额并不受母公司所在地的影响而产生显著的差异，并认为是跨国企业在捐款时存在“互相攀比”而导致了这种情况。“锦标竞争”(yardstick competition)在财政支出结构的文献中被表述为，处于信息弱势的选民会参考其他地方政府评价自己所在地区的政府行为，同时地方官员知道其选民会以其他地方为标尺，从而会效仿其他地方的相关政策，相互监督和学习能够提高政府部分的运作效率(Baicker，2001；傅勇和张晏，2007)。当企业面临是否捐赠或者捐赠多少合适的难题时，与地方政府类似，会被信息不对称的利益相关者与同类企业的捐款行为作比较，因而自身也会考虑其他企业的捐款情况，或者效仿其他企业的捐赠行为。因此，“互相攀比”和“锦标竞赛”会促使企业在决定是否捐赠或者捐赠多少时效仿其他企业的捐赠情况，即受到其他企业的影响。

企业彼此间地理距离的远近之所以能影响到企业的捐赠行为，通过两个主要的作用机制：一是由于地理距离的远近引起的信息不对称；二是由于地理距离的远近而造成的“互相攀比”或者“锦标竞争”。首先地理因素造成的短距离内的交流通讯的便利可以减弱地理位置接近的两个信息主体之间的信息不对称程度(Kang and Kim，2008)。尽管现代通讯设备以及互联网技术的迅速普及正在逐步改变人与人之间的交流方式，但传统地缘人际关系的地位仍旧不容忽视。人与人之间面对面的交流不同于网络社交的虚拟特性，因而具备更多的可靠性，而且面对面的交流受到地缘限制，使得短距离内有效交流的可能性增大。这样地理位置接近的企业更易于获得彼此间的信息，也就表明一家企业更容易获得周围其他企业包括捐赠情况在内的信息。而 Lieberman 和 Asaba(2006)的研究认为公司会因为觉得其他公司具有更多的信息优势而发生模仿行为。所以当公司之间的地理位置更为接近时，他们可能会因为能获得更多他人的捐赠信息，并在认为其他公司的捐赠信息更具有优势的基础上发生模仿的行为。另一方面，地理位置接近的企业，由于地缘关系亲密，更容易被投资者或其他利益相关者作为比较的对象，进而易于成为彼此之间“互相攀比”或者“锦标竞争”中的标准。以往的研究表明，普通的投资者、基金经理甚至分析师都更倾向于关注同一地缘的企业(Coval and Moskowitz，1999；Malloy，2005；Barker and Loughran，2007)。而地理位置接近的企业，由于受同样的投资者群体所关注，它们各自的捐赠行为也更容易成为投资者比较的对象，因而地理位置接近企业的捐赠行为更容易成为企业自身比较与被比较的“标准”。以上两方面都促使企业管理层在决定捐赠额时会参考一定范围内的其他企业的捐赠情况。而公司间的地理距离越远，这种彼此之间的信息不对称程度就更大，被同时作为比较对象的可能性也会降低。基于此，本章提出假设 6-1。

假设 6-1　企业的慈善捐赠行为受到一定地理距离范围内其他企业慈善捐赠行为的影响。

二、产权性质对地理距离与企业慈善捐赠关系的影响

大量研究表明，在慈善捐赠行为中，国企和民企存在较大不同(Zhang，Rezaee，and Zhu，2010；郭剑花，2012；唐跃军、左晶晶和李汇

东，2014）。首先，国有企业的慈善捐赠更多地承担了政府所肩负的回馈社会的使命，所以其捐赠行为更多的是行政“摊派”的色彩。对于处于转型期的中国，企业的捐赠面临的市场环境不仅包括市场驱动，必然也受到政府干预。而政府干预的对象又以干预成本低、受其控制、与之关系最为密切的国企为主(Shleifer and Vishny，1994)。郭剑花(2012)的研究指出，国有企业的捐赠更多地受到政府干预，具有“摊派”性质，但同时也指出国企正在逐步走向市场化。如此“摊派”而来的捐赠，必然导致其捐赠行为更不易受周围其他企业的影响。其次，国有企业所拥有的特殊所有制身份，使得其政治关系优势与生俱来，在企业慈善捐赠方面享受着“制度红利”(唐跃军等，2014)，这就削弱了国企通过捐赠建立政府关系的动机。我国大众仍有“为富不仁”的价值观，作为具有资本原罪的民企在获得投资者及消费者的认可方面比国企更加迫切，并且民企的市场生存条件也不如国企，故而更加重视运用慈善营销手段来树立形象。Zhang、Rezaee 和 Zhu(2010)发现国有企业捐款的数额显著少于非国有企业，而且国有企业的捐款可能性显著地小于非国有企业。这就从动机上决定了相对于民企，国企的捐赠行为更不容易受到周围其他企业的影响。最后，由于国有企业受到严格管制和监督，其捐赠在机制上就比民企受到了更多的限制。多大规模的企业捐赠多少需要国资委备案审批，国企内部也有分层的决策机制，所以国企的捐赠行为实际上由于受到了更多的限制，而更不容易被周围其他企业的捐赠行为所左右。基于以上三点的分析，本章提出假设 6-2：

假设 6-2　相较于国有企业，民营企业的慈善捐赠行为更容易受到一定地理距离范围内其他同产权性质企业慈善捐赠行为的影响。

三、中国市场化进程对地理距离与企业慈善捐赠关系的影响

地区市场化程度最直接地表明某个地区的市场化改革程度，也即政府干预的程度。与产权性质类似，市场化进程也可能通过政府干预的程度进而影响到地理距离与企业慈善捐赠行为的关系。市场化程度高代表着政府对市场干预的减少，企业对政府的依赖也会减少。而在市场化程度较低的

地区，由于政府对企业的行政干预通常更多，所以企业发展所需的资源可能都大量依赖于政府的支持，因而企业有更大的动机通过慈善捐赠来建立政治关系。在市场化程度越低的地区，再分配制度配置的资源就会越多，这样地方政府可能越有能力干预企业开展更多的慈善捐赠行为(唐跃军等，2014)。政府的干预越多，企业的决策行为的自主性就越差。相较于捐赠决策自主性强的企业，自主性差的企业的捐赠决策就更多的被政府主导而非自己的理性判断决策。而受到干预多的企业彼此间的干预程度可能并不相同，因而更不容易受到一定地理范围内其他企业的影响。

类似地，相较于国有企业的慈善捐赠行为更多的受到了政府的干预(行政审批)，以及"摊派"性质捐赠的存在(郭剑花，2012)，民企的慈善捐赠行为更易受到一定范围内其他同产权性质企业的影响。在政府干预和市场驱动并存的情形下，在市场化进程高的地区，由于政府干预更少，信息传递效率更高，所以上述关系会进一步加强，即市场化进程促进了民企模仿一定地理距离范围内其他民企捐赠行为的关系。基于此，我们提出假设 6-3 及假设 6-3a：

假设 6-3　相较于市场化程度低的地区，在高市场化程度地区的企业慈善捐赠行为更容易受到一定地理距离范围内其他企业慈善捐赠行为的影响。

假设 6-3a　相较于市场化程度低的地区，在高市场化程度地区的民营企业的慈善捐赠行为更容易受到一定地理距离范围内其他民营企业慈善捐赠行为的影响。

第三节　模型检验与变量的定义

一、样本选择与数据来源

本章选取了 2005—2014 年中国 A 股上市公司作为研究样本，参照以往研究的方法，我们按照以下标准对样本进行了筛选：(1)剔除了金融类企业；(2)剔除了被 ST 或 * ST 的企业。最终得到样本 11869 个，该样本既包括了捐赠企业的样本，也包括了当年没有进行捐赠企业的样本，此为全样本；另外为了检验捐赠企业之间相互的影响，我们在全样本的基础上剔除了当年没有进行捐赠的企业样本，再剔除 100 千米范围内仅有自己一家公司进行捐赠的样本后，最终得到捐赠样本包含 8057 个观测值。相关数据来源如下：

(1)慈善捐赠数据：来自国泰安(CSMAR)数据库内财务报表附注中披露的"营业外收支——(非)公益性捐赠"一栏。

(2)企业所在地经纬度：我们地级市经纬度的数据来源于百度地图。以企业注册地的地级市的经纬度作为企业所在地的经纬度，以地级市的市政府所在地的经纬度作为地级市的经纬度，即以企业所处地级市政府的经纬度数据近似代替企业的经纬度，

(3)上市公司对汶川地震的慈善捐款数据：本章选取在汶川地震发生后曾经发布相应捐赠消息的上市公司为研究对象。通过查找上交所和深交所网站的公司公告、新浪网等媒体的相关新闻报道以及企业 2008 年的年报，手工整理出了上市公司对汶川地震灾害的捐款情况。

二、检验模型与变量说明

为了检验本章提出的假设 6-1、假设 6-2 和假设 6-3，本章分别构建如下的模型：

$$DonationX_{i,t} = \alpha_0 + \alpha_1 AvgX\_N_{i,t-1} + \alpha' Controls_{i,t-1} + \eta_i + \gamma_t + \varepsilon \tag{6-1}$$

$$DonationX_{i,t} = \beta_0 + \beta_1 AvgX\_NMkt_{i,t-1} + \beta_2 AvgX\_N_{i,t-1} + \beta_3 Mkt_{i,t-1} + \beta' Controls_{i,t-1} + \eta_i + \gamma_t + \varepsilon \tag{6-2}$$

其中，X 分别取值为 0、1、2 和 3，这样 DonationX 依次为 Donation0、Donation1、Donation2 和 Donation3，分别表示是否捐赠、捐赠的绝对数额以及捐赠的相对数额(捐赠收入比和捐赠资产比)；$AvgX_N_i$表示以公司 i 为圆心，以 N 千米为半径的范围内除自身外其他所有样本公司的 DonationX

的平均数，以 $Avg1\_150_i$ 为例，表示在公司 i 周围 150 千米范围内其他样本公司捐款金额的平均数；AvgX_NSoe 表示 AvgX_N 与 Soe 的交乘项，Soe 为哑变量，当企业为民企时取值为 1，否则为 0；AvgX_NMkt 表示 AvgX_N 与 Mkt 的交乘项，Mkt 在此为哑变量，当公司所处地区市场化程度得分处于中位数以上时赋值为 1，否则为 0；下标 i 和 t 分别表示公司 i 和年度 t；η 表示行业固定效应，γ 表示年度固定效应；另外，对于某家公司而言，可获取的其他公司的捐款信息存在滞后性①，所以本章在构建模型时选取其他公司上一期的捐赠情况作为企业当期的参照标准。

(一)一定范围内周围其他公司的捐赠情况

如果企业的捐赠金额多少受到周围企业的影响，那么就将表现出企业的捐赠金额接近于周围企业的平均水平，即与周围一定范围内的捐赠企业的平均捐赠金额接近；另一种受周围企业影响的表现形式可能体现在中位数上，即企业的具体捐赠金额接近于周围一定范围内的其他企业捐赠金额的中位数。近些年对于中位数与平均数的不同，已经引起经济管理方面学者的重视，比如 Murphy(2013) 在描述美国 CEO 薪酬时就强调了中位数的重要性，他表示平均数代表的更多的是对衡量总额的贡献(比如当知道薪酬的平均数和 CEO 的个数时，可以得到总薪酬的数额)，而中位数则更多表示的是一位“典型”(typical) CEO 薪酬的多少。由于少数 CEO 天价薪酬的存在，这种平均值和中位数的分离就显现的更为突出。所以，企业在做出捐赠多少受到周围企业影响时，既可能是参照周围企业的平均捐赠额，也有可能是参照处于捐赠中间水平的某一家企业具体的捐赠额。鉴于此，本章在检验模型(6-1)和模型(6-2)时，既采用了平均值 AvgX_N 代表周围 N 千米范围内其他样本企业的捐赠平均值，也同时采用了中位数 MedianX_N 代表周围 N 千米范围内其他样本企业捐赠的中位数。并且由于平均值和中

① 尽管通常企业乐于将自己的捐赠行为公布于众，但通过新闻媒体获取的捐赠额可能只是企业当年捐赠行为中的一部分，也可能报道数额与企业实际捐赠数额不符，所以可靠的捐赠金额通常反映在企业的财务报表中，而财务报表的公布又存在滞后性。

位数可能存在分离的情况，同时检验两者可以分辨企业捐赠行为究竟是受到周围企业捐赠的平均情况影响，还是受到周围企业捐赠的典型情况影响。但由于篇幅限制，以中位数衡量的一定地理距离范围内的捐赠情况的结果仅在稳健性检验中汇报了基本结果。

（二）地理距离

对于两家企业之间直线距离，也就是 AvgX_N 中 N 的确定，我们采用 Haversine 公式计算，具体而言就是利用两家公司的注册地所在城市的经纬度来计算它们之间的地理距离（Coval and Moskowitz，2001；Ivkovi and Weisbenner，2005；Uysal et al.，2008；Kang and Kim，2008）。设 a_1 和 b_1（a_2 和 b_2）分别为以弧度表示的两个城市之间的纬度和经度，r 表示地球的半径（r 取 6370996.81 米），则 Haversine 公式可表示如下：

$$d(a, b) = arccos\{cos(a_1)cos(a_2)cos(b_1)cos(b_2) + cos(a_1)sin(a_2) cos(b_1)sin(b_2) + sin(a_1)sin(b_1)\}r \tag{6-3}$$

其他变量定义结果详见表 6-1。

表 6-1　　**变量定义表**

变量类型	变量名称	变 量 定 义
被解释变量	Donation0	是否捐赠，是为 1，否则为 0
	Donation1	捐赠的绝对金额
	Donation2	捐赠资产比
	Donation3	捐赠收入比
解释变量及其相关变量	Avg0_150	方圆 150 千米内企业捐赠的可能性
	Avg0_200	方圆 200 千米内企业捐赠的可能性
	Avg0_250	方圆 250 千米内企业捐赠的可能性
	Avg1_150	方圆 150 千米内捐赠企业平均的捐赠金额
	Avg1_200	方圆 200 千米内捐赠企业平均的捐赠金额
	Avg1_250	方圆 250 千米内捐赠企业平均的捐赠金额

续表

变量类型	变量名称	变量定义
解释变量及其相关变量	Avg2_150	方圆 150 千米内捐赠企业平均的捐赠资产比，千分位
	Avg2_200	方圆 200 千米内捐赠企业平均的捐赠资产比，千分位
	Avg2_250	方圆 250 千米内捐赠企业平均的捐赠资产比，千分位
	Avg3_150	方圆 150 千米内捐赠企业平均的捐赠收入比，千分位
	Avg3_200	方圆 200 千米内捐赠企业平均的捐赠收入比，千分位
	Avg3_250	方圆 250 千米内捐赠企业平均的捐赠收入比，千分位
	Num150	方圆 150 千米内捐赠企业的平均家数
	Num200	方圆 200 千米内捐赠企业的平均家数
	Num250	方圆 250 千米内捐赠企业的平均家数
	Num150A	方圆 150 千米内全部企业的平均家数
	Num200A	方圆 200 千米内全部企业的平均家数
	Num250A	方圆 250 千米内全部企业的平均家数
控制变量	Asset	企业资产
	Cash	持有现金量
	ROA	资产收益率
	Lev	资产负债率
	Growth	销售增长率
	Firm_Age	企业年龄
	SOE	产权性质，1 为国企，0 为民企
	Indep	独立董事占比
	Dual	两职合一
	Big	第一大股东持股比例
	Consumer	与消费者直接接触的行业，是取 1，否则取 0
	GDP	国内生产总值
	Mkt_Score	市场化指数得分

第四节　实证结果及分析

一、描述性统计

为了直观地观测到我国上市企业捐赠情况的分布，本章通过表 6-2 列示了在我国范围内，所有地级市 100 千米范围内进行了捐赠的上市企业的平均个数及该范围内这些企业平均的捐赠金额，并以捐赠企业的个数为排名，列示了前 20 名城市。从捐赠企业个数情况来看，前 25 名基本分布在江浙及广东一带，平均捐赠额在 100 万左右。上海市排名第 9，捐款家数多达 165 家，但平均捐赠额仅 102.16 万元；首都北京排名仅第 12，但平均捐赠额达到了 251.66 万，捐赠氛围名列全国前茅。由此可见，捐款企业个数多，未必捐赠金额也多，反之捐款企业个数少也未必捐赠金额就少。同属经济发达的区域，上海企业的捐赠则有更多精明的味道，而北京企业的捐赠则更多显示出北方的豪爽气质，南北的捐赠氛围呈现出一定的差异性。这一点结合图 6-1 的捐赠平均金额分布图表现得更为明显。在 100 千米范围内上市公司平均捐赠金额呈现出北多南少的分布情况，而经济发达的沿海地区的平均捐款金额明显偏低，反而是青海省、四川省和云南省三个西部地区的捐赠金额大，这可能与当地几次大的自然灾害事件有关。

表 6-2　　**100 千米范围内捐款企业个数前 20 名的城市**

排名	城市名称	捐款企业个数	平均捐款额(万元)	捐款企业占比
1	嘉兴市	280	112.64	0.91
2	苏州市	239	96.94	0.68
3	东莞市	196	113.18	0.76
4	江门市	196	111.79	0.79
5	广州市	193	111.75	0.67
6	中山市	193	112.18	0.91
7	珠海市	188	111.72	0.77
8	深圳市	178	105.00	0.64

续表

排名	城市名称	捐款企业个数	平均捐款额(万元)	捐款企业占比
9	上海市	165	102. 16	0. 64
10	湖州市	141	98. 35	0. 81
11	绍兴市	125	139. 04	0. 68
12	北京市	121	251. 66	0. 65
13	无锡市	115	76. 43	0. 65
14	常州市	113	80. 25	0. 84
15	杭州市	103	128. 33	0. 79
16	南通市	98	77. 59	0. 67
17	佛山市	89	131. 91	0. 77
18	镇江市	57	143. 10	0. 73
19	扬州市	57	130. 66	0. 66
20	宁波市	55	144. 32	0. 80

说明：所列示的各项数值均为样本期内的平均值，即2005—2014年的平均值。

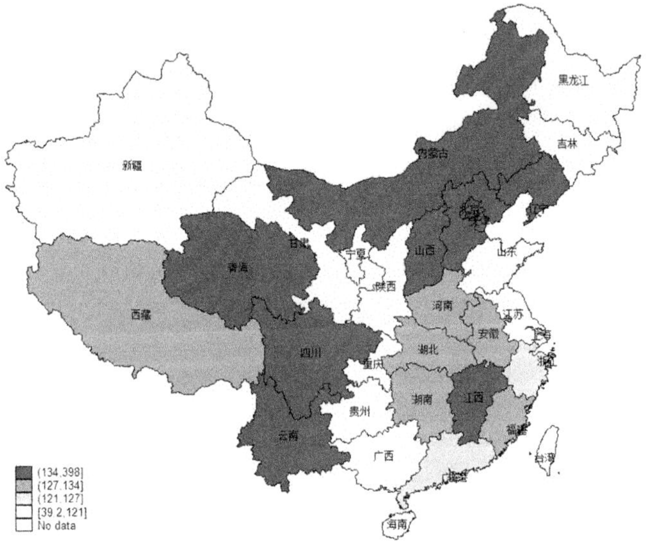

单位：千万元

图6-1　中国100千米范围内上市公司平均捐赠金额分布图

本章为消除极端值的影响，对主要的连续变量都进行了1%分位数的Winsorize处理。表6-3报告了本章主要变量的描述性统计结果，企业是否捐赠(Donation0)的平均值为0.68，表明已有超过2/3的中国上市企业进行了慈善捐赠，说明有越来越多的企业意识到慈善捐赠的重要性，与以往的研究样本基本一致(戴亦一等，2014)。企业的原始捐赠额(Donation1)的最小值为0，最大值为1874.51万元，均值为89.3万元，中位数为8万元，标准差为253.59。我国A股上市公司捐赠水平存在较大差异，捐赠的平均值与中位数存在分离的情况，而造成这一情况的原因是由于少数企业的巨额捐款。Donation2均值为0.018%，说明企业平均捐赠额占总资产的0.018% ，Donation3均值为0.035%，说明企业平均捐赠额占营业收入的0.035% 。方圆100、200、300千米内企业捐赠的可能性分别为0.68、0.68、0.69与全样本保持基本一致。在控制变量上，国有企业的比例达到54%，企业独立董事的比例为37%，达到了证监会要求的1/3比例，另外从股权结构来看，第一大股东持股比例的均值在37%，反映我们股权结构相对集中的特点。

表6-3　　**描述性统计表**

变量名称	平均值	中位数	标准差	最小值	最大值	样本量
Donation0	0.68	1	0.47	0	1	11869
Donation1(万元)	89.3	8	253.59	0	1874.51	11869
Donation2(‰)	0.18	0.03	0.38	0	2.33	11869
Donation3(‰)	0.35	0.05	0.8	0	5.3	11869
Avg0_100	0.69	0.7	0.15	0	1	11869
Avg0_200	0.69	0.71	0.12	0	1	11869
Avg0_300	0.68	0.7	0.11	0.24	1	11869
Avg1_100(万元)	138.69	114.29	113.16	0.4	2343.4	8057
Avg1_200(万元)	138.94	118.83	78.49	2.3	830.73	8057
Avg1_300(万元)	139.85	126.79	68.45	2.3	659.39	8057
Avg2_100(‰)	0.28	0.23	0.17	0	2.18	8057
Avg2_200(‰)	0.28	0.25	0.14	0.01	2.18	8057
Avg2_300(‰)	0.28	0.26	0.13	0.01	2.18	8057

续表

变量名称	平均值	中位数	标准差	最小值	最大值	样本量
Avg3_100(‰)	0.54	0.48	0.33	0	5.41	8057
Avg3_200(‰)	0.55	0.48	0.28	0.02	5.41	8057
Avg3_300(‰)	0.55	0.5	0.24	0.02	5.41	8057
Num100	67.45	34	67.57	2	303	8057
Num200	127.36	75	117.25	2	421	8057
Num300	178.15	140	146.51	2	499	8057
Num100A	93.5	46	94.35	2	423	11869
Num200A	173.6	120	157.71	2	585	11869
Num300A	241.22	176	193.17	2	681	11869
Asset(亿元)	76.7	24.62	184.69	3.34	1384.34	11869
Cash(亿元)	10.83	4.14	23.34	0.14	171.79	11869
ROA	0.04	0.04	0.05	-0.12	0.18	11869
Lev	0.46	0.47	0.21	0.05	0.87	11869
Growth	0.2	0.13	0.42	-0.56	2.78	11869
Firm_Age	12.87	13	4.87	3	25	11869
SOE	0.54	1	0.5	0	1	11869
Indep	0.37	0.33	0.05	0.29	0.57	11869
Dual	0.19	0	0.39	0	1	11869
Big	0.37	0.35	0.15	0.09	0.75	11869
Consumer	0.25	0	0.43	0	1	11869
GDP(亿元)	24256.98	19669.56	16650.46	1254.17	62163.97	11869
Mkt_Score	9.15	9.58	2.01	0.38	11.8	11869

二、实证分析

(一)企业捐赠与地理距离

本章利用模型(6-1)检验企业慈善捐赠是否受到一定地理范围内其他企业捐赠行为的影响。表 6-4 分别以是否捐赠(Donation0)、捐赠金额(Donation1)、捐赠资产比(Donation2)、捐赠收入比(Donation2)四种指标来检验企业的捐赠行为。从表 6-4 中可以观察到，随着地理距离从 100 千米增加到 300 千米时，企业捐赠的可能性(Donation0)始终受到周围其他企业捐赠可能性的影响，系数始终为正并且在 1%的水平上显著，并且随着距离的增加而有所衰减。在第 4 列至第 12 列在此选择捐赠企业作为样本，是因为一家企业即使离自己再近，只要其没有发生过捐赠行为就难以成为捐赠多少的参考标准。企业在面临捐赠多少的难题时，地理距离对其的影响表现在一定地理距离范围内其他企业的捐赠情况的传递与交流会对企业自身的捐赠决策产生影响。当企业面临捐赠与否的难题时，考虑的是周围企业进行捐赠的多少，而当决定捐赠但不清楚捐赠金额为多少时，其参考标准则由一定范围内的所有企业缩减为一定范围内进行了捐赠的企业。从第 4 列至第 6 列可知企业捐赠金额(Donation1)并不受到一定地理范围内其他企业捐赠行为的影响。当捐赠指标为捐赠资产比(Donation2)和捐赠收入比(Donation3)时，周围企业捐赠行为显著的影响企业自身的捐赠决策，并且随着距离的增加而有所衰减。说明当企业面临捐赠与否的难题时，考虑的是周围企业是否捐赠，而当决定捐赠但不清楚捐赠金额为多少时，其参考标准更多是捐赠的相对数而不是绝对数。表 6-4 的实证结果使假设 6-1 得到验证。

表 6-5 根据产权性质分组，分别列示了模型(6-3)的回归结果。本章当地理距离为 100 千米为例，在国企组中 AvgX_100 的系数在绝对捐赠额(LnDonation1)、捐赠收入比(Donation2)和捐赠资产比(Donation3)三种情况下分别为 0.004、0.109 和 0.051，仅捐赠资产比组的系数在 5%的水平上显著，在民企组中 AvgX_100 的系数在绝对捐赠额(LnDonation1)、捐赠收入比(Donation2)和捐赠资产比(Donation3)三种情况下分别为 0.104、0.218 和 0.202，并分别在 5%、1%、1%的水平上显著，民企组无论从系数还是 t 值均大于国企组，这表明在民企中地理距离对企业慈善捐赠的影响更大，也即民企更容易受到一定距离范围内其他企业捐赠行为的影响。而国有企业的捐赠更多地受到政府干预，具有“摊派”性质，“摊派”而来的捐赠，必然导致其捐赠行为更不易受周围其他企业的影响。与假设 6-2 的预期相符。

表 6-4　企业慈善捐赠是否受到一定地理范围内其他企业捐赠行为的影响

	(1)	(2)	(3)	(4)	(5)	(6)	(7)	(8)	(9)	(10)	(11)	(12)
	Donation0			LnDonation1			Donation2			Donation3		
(Ln) AvgX_100	1.510***			-0.104			0.210***			0.220***		
	(8.34)			(-1.47)			(7.07)			(7.15)		
(Ln) AvgX_200		1.676***			0.001			0.236***			0.284***	
		(6.80)			(0.01)			(5.70)			(7.21)	
(Ln) AvgX_300			1.674***			-0.157			0.070			0.139***
			(5.44)			(-1.37)			(1.30)			(2.75)
Size	0.257***	0.253***	0.250***	1.181***	1.179***	1.181***	-0.011	-0.011	-0.011	0.019	0.019	0.021
	(6.60)	(6.51)	(6.44)	(12.61)	(12.58)	(12.61)	(-1.33)	(-1.39)	(-1.34)	(1.12)	(1.11)	(1.23)
LnCash	0.140***	0.142***	0.144***	0.147*	0.146*	0.149*	0.005	0.005	0.004	-0.011	-0.012	-0.014
	(4.45)	(4.50)	(4.58)	(1.89)	(1.88)	(1.92)	(0.77)	(0.71)	(0.56)	(-0.77)	(-0.80)	(-0.96)
ROA	5.457***	5.518***	5.534***	12.758***	12.760***	12.800***	1.378***	1.385***	1.387***	1.244***	1.246***	1.249***
	(9.96)	(10.08)	(10.12)	(9.92)	(9.92)	(9.95)	(12.14)	(12.19)	(12.18)	(5.19)	(5.19)	(5.19)
Lev	0.915***	0.929***	0.950***	0.839**	0.843**	0.845**	-0.024	-0.016	-0.016	-0.440***	-0.432***	-0.441***
	(6.36)	(6.47)	(6.63)	(2.33)	(2.33)	(2.34)	(-0.74)	(-0.51)	(-0.51)	(-6.54)	(-6.42)	(-6.53)

续表

	(1)	(2)	(3)	(4)	(5)	(6)	(7)	(8)	(9)	(10)	(11)	(12)
	Donation0			LnDonation1			Donation2			Donation3		
Growth	0.060	0.058	0.059	−0.044	−0.048	−0.045	−0.004	−0.004	−0.004	−0.012	−0.013	−0.013
	(1.10)	(1.05)	(1.08)	(−0.36)	(−0.39)	(−0.37)	(−0.37)	(−0.40)	(−0.35)	(−0.54)	(−0.59)	(−0.58)
Firm_Age	−0.020***	−0.021***	−0.022***	−0.011	−0.010	−0.011	0.000	0.000	−0.000	0.001	0.001	0.001
	(−3.78)	(−4.01)	(−4.15)	(−0.93)	(−0.85)	(−0.93)	(0.23)	(0.11)	(−0.01)	(0.47)	(0.48)	(0.35)
SOE	−0.407***	−0.400***	−0.402***	−0.837***	−0.843***	−0.835***	−0.093***	−0.094***	−0.098***	−0.236***	−0.238***	−0.245***
	(−7.92)	(−7.80)	(−7.82)	(−7.17)	(−7.22)	(−7.16)	(−9.02)	(−9.14)	(−9.44)	(−10.84)	(−10.94)	(−11.22)
Indep	−0.405	−0.395	−0.422	−0.231	−0.259	−0.272	0.011	0.015	0.012	0.154	0.165	0.158
	(−0.95)	(−0.92)	(−0.99)	(−0.24)	(−0.27)	(−0.29)	(0.13)	(0.18)	(0.14)	(0.87)	(0.93)	(0.89)
Dual	0.036	0.046	0.046	0.083	0.085	0.083	0.018	0.018	0.018	0.032	0.030	0.031
	(0.63)	(0.82)	(0.82)	(0.64)	(0.66)	(0.64)	(1.57)	(1.56)	(1.57)	(1.32)	(1.25)	(1.28)
Big	−0.876***	−0.878***	−0.899***	−0.941***	−0.946***	−0.929***	−0.087***	−0.087***	−0.092***	−0.135**	−0.132**	−0.147**
	(−5.71)	(−5.73)	(−5.86)	(−2.72)	(−2.73)	(−2.68)	(−2.83)	(−2.84)	(−3.01)	(−2.09)	(−2.05)	(−2.28)
Consumer	0.159**	0.160**	0.162**	0.465***	0.473***	0.470***	0.052***	0.052***	0.051***	0.089***	0.088***	0.088***
	(2.47)	(2.49)	(2.53)	(3.15)	(3.21)	(3.19)	(4.03)	(3.99)	(3.94)	(3.25)	(3.22)	(3.20)

续表

	(1)	(2)	(3)	(4)	(5)	(6)	(7)	(8)	(9)	(10)	(11)	(12)
	Donation0			LnDonation1			Donation2			Donation3		
LnGDP	-0.122***	-0.114***	-0.135***	-0.410***	-0.399***	-0.394***	-0.019**	-0.017*	-0.017*	-0.051***	-0.045**	-0.054***
	(-2.80)	(-2.59)	(-3.09)	(-4.01)	(-3.90)	(-3.86)	(-2.08)	(-1.86)	(-1.85)	(-2.69)	(-2.36)	(-2.79)
Mkt_Score	0.076***	0.075***	0.081***	0.222***	0.213***	0.215***	0.007**	0.007**	0.008**	0.005	0.005	0.007
	(4.79)	(4.75)	(5.17)	(6.04)	(5.84)	(5.94)	(2.16)	(2.20)	(2.34)	(0.78)	(0.79)	(1.00)
Constant	-7.017***	-7.117***	-6.950***	-13.792***	-15.111***	-13.204***	0.539***	0.534***	0.577***	1.032***	0.962***	1.103***
	(-10.99)	(-10.96)	(-10.63)	(-8.36)	(-8.36)	(-6.72)	(4.38)	(4.33)	(4.65)	(3.96)	(3.67)	(4.18)
Adj_R^2/Pseudo R^2	0.088	0.087	0.086	0.163	0.162	0.163	0.144	0.142	0.139	0.115	0.115	0.110
N	11854	11854	11854	8057	8057	8057	8057	8057	8057	8057	8057	8057

说明：主要的解释变量(Ln)AvgX_100、(Ln)AvgX_200 和(Ln)AvgX_300 分别表示地理距离为 100 千米、200 千米和 300 千米时，周围企业的平均捐赠情况(不包含该企业自身的捐赠情况)，X 分别取值为 0、1、2 和 3，当且仅当 X 取 1 时，主要的解释变量取对数 Ln，即为 LnAvg1_100、LnAvg1_200 和 LnAvg1_300。其中，第(1)列、第(2)列和第(3)列为全样本，样本量为 11854 个，包含了当年未曾捐赠的企业样本；而其他列则仅为捐赠企业样本，样本量为 8057 个。Adj_R^2/Pseudo R^2在第(4)列到第(12)列为调整后的 R^2，第(1)列到第(3)列为 logistic 回归，所以表示为 Pseudo R^2。* $p<0.1$，** $p<0.05$，*** $p<0.01$。

表 6-5　不同产权性质下地理距离与企业慈善捐赠的关系(以 100 千米为例)

	(1)	(2)	(3)	(4)	(5)	(6)
	LnDonation1	Donation2	Donation3	LnDonation1	Donation2	Donation3
	国企组			民企组		
LnAvg1_100	0. 040			0. 104**		
	(1. 23)			(2. 24)		
Avg2_100		0. 109**			0. 218***	
		(2. 31)			(4. 18)	
Avg3_100			0. 051			0. 202***
			(1. 01)			(3. 94)
Size	0. 801***	-0. 034***	-0. 007	0. 885***	-0. 017	-0. 002
	(14. 50)	(-2. 99)	(-0. 34)	(12. 61)	(-0. 83)	(-0. 05)
LnCash	0. 013	0. 015	0. 008	0. 018	-0. 007	-0. 042
	(0. 27)	(1. 49)	(0. 41)	(0. 34)	(-0. 46)	(-1. 25)
ROA	6. 145***	0. 970***	0. 449	7. 509***	1. 892***	1. 460***
	(7. 23)	(5. 52)	(1. 33)	(9. 28)	(7. 91)	(2. 82)
Lev	0. 082	-0. 040	-0. 520***	-0. 307	-0. 134*	-0. 833***
	(0. 36)	(-0. 86)	(-5. 80)	(-1. 22)	(-1. 80)	(-5. 15)
Growth	-0. 003	0. 018	0. 003	-0. 007	0. 005	0. 003
	(-0. 04)	(1. 07)	(0. 08)	(-0. 09)	(0. 19)	(0. 06)
Firm_Age	0. 003	0. 000	0. 002	-0. 010	0. 002	0. 004
	(0. 37)	(0. 27)	(0. 49)	(-1. 47)	(0. 91)	(0. 86)
Indep	1. 103*	0. 181	0. 058	-0. 943	-0. 147	0. 329
	(1. 86)	(1. 48)	(0. 25)	(-1. 56)	(-0. 82)	(0. 85)
Dual	0. 237**	0. 025	0. 037	-0. 024	0. 014	0. 030
	(2. 32)	(1. 21)	(0. 92)	(-0. 35)	(0. 66)	(0. 67)
Big	-0. 885***	-0. 165***	-0. 281***	-0. 508**	-0. 005	-0. 127
	(-4. 02)	(-3. 62)	(-3. 20)	(-2. 29)	(-0. 08)	(-0. 90)
Consumer	0. 255***	0. 072***	0. 057	0. 205**	0. 048*	0. 168***
	(2. 88)	(3. 97)	(1. 63)	(2. 10)	(1. 65)	(2. 69)

续表

	(1)	(2)	(3)	(4)	(5)	(6)
	LnDonation1 国企组	Donation2	Donation3	LnDonation1 民企组	Donation2	Donation3
LnGDP	-0.049	-0.003	-0.060**	-0.047	-0.009	-0.008
	(-0.76)	(-0.24)	(-2.34)	(-0.69)	(-0.47)	(-0.17)
Mkt_Score	0.018	-0.004	-0.003	0.092***	0.017**	0.013
	(0.76)	(-0.88)	(-0.31)	(3.96)	(2.43)	(0.90)
Constant	-6.748***	0.574***	1.017***	-7.776***	0.890***	1.995***
	(-7.43)	(3.46)	(3.15)	(-6.20)	(2.77)	(2.87)
Adj_R^2	0.297	0.123	0.110	0.249	0.143	0.112
N	3332	3332	3332	3051	3051	3051

说明：前三列为国企组，样本量为3332，后三列为民企组，样本量为3051。主要的解释变量LnAvg1_100、Avg2_100和Avg3_100在国企组中表示100千米范围内其他国企的平均捐赠情况，而在民企中则表示100千米范围内其他民企的平均捐赠情况。* p<0.1，** p<0.05，*** p<0.01。

表6-6列示了验证不同市场化进程对地理距离与捐赠关系的影响。尽管在模型(6-2)中的交乘项在表6-5中的(1)、(2)列不显著，但在(3)、(4)以相对捐赠为表现的交乘项中得到了正向显著的结果，表明在市场化程度高的地区，地理距离对企业相对捐赠行为的影响得到了加强，也即企业如果处于市场化程度高的地区就更容易受到一定地理距离范围内其他企业相对捐赠额的影响。市场化程度低的地区的企业意味着较多的政府干预，摊捐赠派的行为时有发生，削弱了同样有效交流距离内捐赠消息的传播效率，企业就会越多地受到一定地理距离范围内其他企业捐赠行为的影响。假设6-3得到验证。

表 6-6　市场化程度对地理距离与企业慈善捐赠关系的影响(以 100 千米为例)

	(1)	(2)	(3)	(4)
	Donation0	LnDonation1	Donation2	Donation3
(Ln)AvgX_100	1.330***	0.031	0.103**	0.116**
	(5.19)	(0.29)	(2.12)	(2.45)
(Ln)AvgX_100Mkt	0.459	−0.161	0.165***	0.174***
	(1.46)	(−1.19)	(2.85)	(2.89)
Mkt_Dum	−0.192	2.575	−0.036*	−0.088**
	(−0.87)	(1.38)	(−1.79)	(−2.06)
Size	0.260***	1.205***	−0.011	0.018
	(6.68)	(12.84)	(−1.34)	(1.03)
LnCash	0.145***	0.146*	0.006	−0.009
	(4.61)	(1.87)	(0.93)	(−0.63)
ROA	5.459***	12.828***	1.372***	1.231***
	(9.97)	(9.94)	(12.08)	(5.13)
Lev	0.885***	0.686*	−0.028	−0.443***
	(6.17)	(1.90)	(−0.89)	(−6.60)
Growth	0.054	−0.068	−0.005	−0.013
	(0.98)	(−0.56)	(−0.42)	(−0.58)
Firm_Age	−0.019***	−0.011	0.000	0.001
	(−3.73)	(−0.94)	(0.30)	(0.57)
SOE	−0.419***	−0.878***	−0.094***	−0.239***
	(−8.17)	(−7.52)	(−9.16)	(−10.96)
Indep	−0.437	−0.346	0.001	0.140
	(−1.02)	(−0.36)	(0.01)	(0.79)
Dual	0.042	0.112	0.019*	0.033
	(0.75)	(0.87)	(1.65)	(1.36)
Big	−0.843***	−0.828**	−0.082***	−0.134**
	(−5.50)	(−2.39)	(−2.68)	(−2.08)
LnGDP	−0.017	−0.088	−0.010	−0.050***
	(−0.44)	(−0.96)	(−1.20)	(−2.87)

续表

	(1)	(2)	(3)	(4)
	Donation0	LnDonation1	Donation2	Donation3
Consumer	0.156**	0.453***	0.052***	0.089***
	(2.42)	(3.06)	(4.00)	(3.25)
Constant	-7.473***	-17.532***	0.518***	1.117***
	(-11.53)	(-8.73)	(4.20)	(4.24)
Adj_R²/Pseudo R²	0.087	0.159	0.144	0.115
N	11854	8057	8057	8057

说明：解释变量(Ln)AvgX_100 表示地理距离为 100 千米时，周围企业的平均捐赠情况(不包含该企业自身的捐赠情况)，X 分别取值为 0、1、2 和 3，当且仅当 X 取 1 时，主要的解释变量取对数 Ln，即为 LnAvg1_100。类似的，(Ln)AvgX_100Mkt 表示周围 100 千米范围内其他企业的平均捐赠情况与市场化指数哑变量的交乘项，X 分别取值为 0、1、2 和 3，当且仅当 X 取 1 时，主要的解释变量取对数 Ln，即为 LnAvg1_100Mkt。其中，第(1)列为全样本，样本量为 11854 个，包含了当年未曾捐赠的企业样本；而其他列则仅为捐赠企业样本，样本量为 8057 个。Adj_R2/Pseudo R2 在第(4)列到第(12)列为调整后的 R2，第(1)列到第(3)列为 logistic 回归，所以表示为 Pseudo R2。* p<0.1，** p<0.05，*** p<0.01。

表 6-7 列示了不同产权性质下市场化指数对地理距离与企业慈善捐赠关系的影响的回归结果。当地理距离为 100 千米为例，在国企组中 AvgX_100Mkt 的系数在绝对捐赠额(LnDonation1)、捐赠收入比(Donation2)和捐赠资产比(Donation3)三种情况下为正，但不显著，说明对不同市场化程度下的国有企业而言，其捐赠受地理距离影响行为并无明显差异。在民企组中 AvgX_100Mkt 的系数在绝对捐赠额(LnDonation1)和捐赠资产比(Donation3)三种情况下分别为 0.333 和 0.221，并分别在 1%和 10%的水平上显著，这表明在市场化程度更高的地区，民企捐赠的行为更容易受到一定距离范围内其他企业捐赠行为的影响。与假设 6-3b 相一致。

表 6-7 不同产权性质下市场化指数对地理距离与企业慈善捐赠关系的影响(以 100 千米为例)

	(1)	(2)	(3)	(4)	(5)	(6)
	LnDonation1	Donation2	Donation3	LnDonation1	Donation2	Donation3
	国企组			民企组		
LnAvg1_100	0.036			-0.141		
	(0.65)			(-1.47)		
LnAvg1_100Mkt	0.031			0.333***		
	(0.47)			(3.07)		
Avg2_100		0.080			0.113	
		(1.07)			(0.90)	
Avg2_100Mkt		0.048			0.122	
		(0.53)			(0.90)	
Avg3_100			0.044			0.037
			(0.64)			(0.37)
Avg3_100Mkt			0.016			0.221*
			(0.17)			(1.94)
Mkt_Dum	-0.548	-0.028	-0.044	-4.342***	0.041	-0.077
	(-0.62)	(-1.06)	(-0.87)	(-2.95)	(0.69)	(-0.61)
Size	0.797***	-0.035***	-0.008	0.887***	-0.016	-0.005
	(14.41)	(-3.04)	(-0.37)	(12.62)	(-0.75)	(-0.11)
LnCash	0.021	0.016	0.009	0.017	-0.008	-0.042
	(0.43)	(1.52)	(0.46)	(0.33)	(-0.53)	(-1.25)
ROA	6.139***	0.971***	0.451	7.594***	1.867***	1.432***
	(7.22)	(5.53)	(1.34)	(9.35)	(7.78)	(2.76)
Lev	0.095	-0.037	-0.516***	-0.293	-0.138*	-0.820***
	(0.42)	(-0.80)	(-5.75)	(-1.16)	(-1.84)	(-5.06)
Growth	-0.010	0.018	0.002	-0.008	0.004	0.003
	(-0.13)	(1.07)	(0.05)	(-0.10)	(0.18)	(0.06)

续表

	(1)	(2)	(3)	(4)	(5)	(6)
	LnDonation1 国企组	Donation2	Donation3	LnDonation1 民企组	Donation2	Donation3
Firm_Age	0.004	0.000	0.002	-0.010	0.002	0.004
	(0.45)	(0.27)	(0.48)	(-1.42)	(0.99)	(0.90)
Indep	1.061*	0.185	0.054	-0.954	-0.136	0.319
	(1.79)	(1.51)	(0.23)	(-1.58)	(-0.76)	(0.82)
Dual	0.237**	0.024	0.036	-0.018	0.013	0.029
	(2.33)	(1.16)	(0.89)	(-0.25)	(0.65)	(0.65)
Big	-0.855***	-0.166***	-0.279***	-0.471**	0.000	-0.131
	(-3.90)	(-3.67)	(-3.20)	(-2.13)	(0.00)	(-0.92)
LnGDP	0.028	-0.006	-0.053**	0.101	0.003	-0.011
	(0.49)	(-0.52)	(-2.31)	(1.61)	(0.16)	(-0.28)
Consumer	0.262***	0.073***	0.059*	0.191*	0.044	0.165***
	(2.95)	(4.00)	(1.67)	(1.95)	(1.51)	(2.63)
Constant	-7.209***	0.591***	0.960***	-5.296***	0.852***	2.235***
	(-6.65)	(3.55)	(2.98)	(-3.13)	(2.65)	(3.19)
Adj_R^2	0.297	0.123	0.110	0.248	0.142	0.113
N	3332	3332	3332	3051	3051	3051

说明：主要的解释变量 LnAvg1_100Mkt、Avg2_100Mkt 和 Avg3_100Mkt 为交乘项，表示 100 千米范围内同产权性质的其他企业的平均捐赠情况和市场化指数哑变量的交乘，在前三列国企组中样本限定在 100 千米范围内的国企（自己除外），后三列民企组中样本限定在 100 千米范围内的民企（自己除外）；类似的，解释变量 LnAvg1_100、Avg2_100 和 Avg3_100 在国企组中表示 100 千米范围内其他国企的平均捐赠情况，而在民企中则表示 100 千米范围内其他民企的平均捐赠情况。* $p<0.1$，** $p<0.05$，*** $p<0.01$。

第五节　进一步分析与检验：基于汶川地震

一、进一步分析与检验

中国作为一个灾害频发的国家，为研究特殊情景下地理距离对企业慈善捐赠行为的影响提供了可能性。纵观近十年的自然灾害，仅地震灾害就有2008年的汶川地震、2010年的玉树地震以及2013年的雅安地震，而其中又以汶川地震的破坏力最大、影响最为持久。有关重大时期企业慈善捐赠的研究表明，发生重大灾害时期的企业慈善捐赠呈现出一些不同于以往的特征(Muller and Whiteman，2009；代昀昊和孔东民，2014；崔秀梅等，2015)。比如代昀昊和孔东民(2014)发现在汶川地震中，原本不受分析师关注的企业可以利用在重大灾害中捐款重新“获宠”；再比如有不负责声誉的企业更可能利用重大灾害进行捐赠，以期洗白企业名声(Brammer and Millington，2005；Williams and Barrett，2000)；此外崔秀梅等(2015)发现企业社会责任缺失程度越高，在玉树地震后开展慈善赈灾活动的可能性就越大。鉴于以上研究我们不难发现，在重大灾害面前的捐赠受关注度高①，广告效应明显(山立威等，2008)，此时企业可以利用捐赠重获分析师关注甚至洗白企业此前社会责任缺失的名声，因而有更强的动机进行捐赠。Conte(2014)在一个捐赠试验中发现，捐赠意愿较低的捐赠者容易更多受到社会信息的影响，而捐赠意愿相对较高的捐赠者(他们以是否有10年以上捐赠记录为标准)则更容易做出独立的捐赠决定，不太容易受到社会信息的影响。在普通情景时，企业的决策者出于战略等因素的捐赠意愿显然不如面对重大社会灾害时的捐赠意愿强烈，此前的分析也表明在重大灾害面

① 汶川地震时期大手笔的赈灾捐赠，使某凉茶品牌迅速晋身国内知名品牌行列，为其赢得了广泛的公众口碑。

前企业有更强的动机进行捐赠，因而在重大自然灾害面前，企业的捐赠行为更不容易受到周围其他企业的影响。

汶川地震作为一个突发的外生自然事件，给我们提供了一个检验上述问题的机会。在社会危机情境下(如重大自然灾害)，企业捐赠受到一定地理范围内其他企业的捐赠行为影响的结论或将被扭转。即在突发灾难面前，企业的捐赠额的多少，并不受到一定地理距离范围内其他企业的影响。汶川地震的数据来源前文已进行了描述，对于新闻和公告的搜集时间，参考前人的做法，我们划分的搜集区间为地震后的三个月。在汶川地震的样本中，时间 t 的单位为天，t-1 代表的是比企业 i 捐赠时间至少提前一天的捐赠企业样本。

表 6-8 报告了对于汶川地震捐赠样本企业的描述性统计结果，可以看出企业的捐赠额(Donation1)的最小值为 3，最大值为 5500 万元，均值为 410. 61 万元，中位数为 143. 51 万元，标准差为 699. 8。说明在汶川地震特殊灾难时期，样本的企业的捐赠额明显大于普通年份上的捐赠数。并且标准差也远大于普通年份上标准差，说明企业在捐赠决策在特殊时期更具差异性，更少的“看齐效应”。此外，捐赠的平均值与中位数存在分离的情况，而造成这一情况的原因是由于少数企业的巨额捐款。Donation2 均值为 0. 094%，说明企业平均捐赠额占总资产的 0. 094%，Donation3 均值为 0. 149%，说明企业平均捐赠额占营业收入的 0. 149%。在控制变量上，国有企业的比例达到 53%，企业独立董事的比例为 36%，达到了证监会要求的 1/3 比例，另外从股权结构来看，第一大股东持股比例的均值在 37%，均与表 6-2 的大样本保持基本一致。

表 6-9 检验了地理距离与汶川地震时期捐赠的关系，分别以捐赠金额(Donation1)、捐赠资产比(Donation2)、捐赠收入比(Donation2)三项指标来检验企业的捐赠行为。从表 6-9 中可以观察到，地理距离从 100 千米到 300 千米时，(Ln)AvgX 的系数均不显著，说明在特殊自然灾害时期，供企

业做出捐赠决策的反应时间是有限的，企业的捐赠决策行为并不受到周围企业的影响，更多的是自主行为。

表 6-8 汶川地震样本的描述性统计

变量名	平均值	中位数	标准差	最小值	最大值	样本量
Donation1(万元)	410.61	143.51	699.80	3.00	5500.00	223
Donation2(‰)	0.94	0.50	1.26	0.00	8.23	223
Donation3(‰)	1.49	0.73	2.22	0.01	19.76	223
Avg1_100(万元)	788.31	560.38	824.09	50.00	4350.00	223
Avg1_200(万元)	789.56	552.02	753.59	55.64	4350.00	223
Avg1_300(万元)	782.98	528.85	738.37	55.64	4350.00	223
Avg2_100(‰)	0.73	0.56	0.57	0.01	2.60	223
Avg2_200(‰)	0.73	0.65	0.50	0.01	3.09	223
Avg2_300(‰)	0.79	0.73	0.56	0.01	3.46	223
Avg3_100(‰)	1.20	0.99	0.84	0.07	4.86	223
Avg3_200(‰)	1.17	1.07	0.64	0.16	3.95	223
Avg3_300(‰)	1.24	1.24	0.73	0.16	5.02	223
Num100	13.09	8.00	12.49	2.00	55.00	223
Num200	23.45	18.00	18.74	2.00	74.00	223
Num300	32.11	26.00	25.14	2.00	99.00	223
Asset(亿元)	131.71	27.48	357.38	3.33	2444.17	223
Cash(亿元)	19.77	4.29	58.82	0.32	465.02	223
ROA	0.05	0.04	0.06	-0.11	0.36	223
Lev	0.50	0.48	0.21	0.08	1.44	223
Growth	0.22	0.12	0.64	-0.57	5.21	223

续表

变量名	平均值	中位数	标准差	最小值	最大值	样本量
Firm_Age	11.02	11.00	4.79	1.00	24.00	223
SOE	0.53	1.00	0.50	0.00	1.00	223
Indep	0.36	0.33	0.05	0.30	0.57	223
Dual	0.18	0.00	0.39	0.00	1.00	223
Big	0.37	0.35	0.16	0.08	0.74	223
HHI	0.00	0.00	0.00	0.00	0.02	223
Consumer	0.26	0.00	0.44	0.00	1.00	223
GDP(亿元)	20600.31	18018.53	11216.29	1534.19	36796.71	223
Mkt_Score	9.41	10.25	1.64	3.45	11.16	223

二、稳健性检验

稳健性检验方面包括表 6-10 和表 6-11。表 6-10 用方圆 100 千米到 300 千米捐赠企业捐赠金额(Donation1)、捐赠资产比(Donation2)、捐赠收入比(Donation2)的中位数回归，重新进行了检验。研究发现，企业捐赠绝对数和相对数始终受到周围其他企业捐赠可能性的影响，并且随着距离的增加的变化趋势与表 6-4 一致。

表 6-11 为本章控制行业的稳健性检验，研究结论为上述基本保持一致，即企业捐赠绝对数和相对数始终受到周围其他企业捐赠可能性的影响，并且随着距离的增加而有所衰减。其他未列示的稳健性检验还包括，以剔除汶川、玉树等地震灾害的捐赠金额为新的样本重新进行的检验，结果并未发生显著变化。

表 6-9　　地理距离与汶川地震时期捐赠的关系

	(1)	(2)	(3)	(4)	(5)	(6)	(7)	(8)	(9)
	LnDonation1	LnDonation1	LnDonation1	Donation2	Donation2	Donation2	Donation3	Donation3	Donation3
(Ln) AvgX_100	0.013			-0.011			0.096		
	(0.20)			(-0.08)			(0.53)		
(Ln) AvgX_200		-0.005			-0.044			0.015	
		(-0.06)			(-0.26)			(0.06)	
(Ln) AvgX_300			0.077			0.132			0.267
			(0.74)			(0.90)			(1.31)
Size	0.820***	0.820***	0.819***	0.048	0.043	0.066	0.497*	0.486*	0.512*
	(6.89)	(6.88)	(6.89)	(0.31)	(0.28)	(0.43)	(1.79)	(1.75)	(1.86)
LnCash	-0.174	-0.174	-0.174	-0.258*	-0.255*	-0.265*	-0.807***	-0.804***	-0.802***
	(-1.54)	(-1.53)	(-1.54)	(-1.77)	(-1.75)	(-1.83)	(-3.07)	(-3.06)	(-3.06)
ROA	2.551**	2.558**	2.534**	2.309	2.290	2.314	2.441	2.452	2.454
	(2.13)	(2.14)	(2.12)	(1.50)	(1.49)	(1.51)	(0.88)	(0.88)	(0.89)
Lev	-0.806**	-0.797**	-0.818**	-1.163**	-1.162**	-1.188**	-2.032**	-2.012**	-2.028**
	(-2.15)	(-2.12)	(-2.19)	(-2.42)	(-2.43)	(-2.48)	(-2.35)	(-2.32)	(-2.35)

续表

	(1)	(2)	(3)	(4)	(5)	(6)	(7)	(8)	(9)
	LnDonation1	LnDonation1	LnDonation1	Donation2	Donation2	Donation2	Donation3	Donation3	Donation3
Growth	-0.032	-0.036	-0.018	-0.055	-0.052	-0.067	-0.373	-0.362	-0.396
	(-0.29)	(-0.33)	(-0.16)	(-0.39)	(-0.37)	(-0.48)	(-1.49)	(-1.44)	(-1.58)
Firm_Age	0.026	0.026	0.026	0.043**	0.044**	0.041**	0.082**	0.082**	0.076**
	(1.64)	(1.64)	(1.63)	(2.13)	(2.14)	(2.02)	(2.22)	(2.22)	(2.07)
SOE	-0.278*	-0.272*	-0.279*	-0.290	-0.293	-0.274	-0.835**	-0.849**	-0.841**
	(-1.83)	(-1.81)	(-1.86)	(-1.49)	(-1.52)	(-1.43)	(-2.40)	(-2.44)	(-2.43)
Indep	0.663	0.688	0.661	1.863	1.892	1.822	2.019	2.072	1.948
	(0.49)	(0.50)	(0.49)	(1.07)	(1.08)	(1.05)	(0.64)	(0.65)	(0.62)
Dual	0.098	0.098	0.088	0.030	0.026	0.033	0.426	0.424	0.429
	(0.57)	(0.57)	(0.51)	(0.14)	(0.12)	(0.15)	(1.07)	(1.07)	(1.09)
Big	0.095	0.104	0.076	0.185	0.183	0.219	1.398	1.369	1.478
	(0.20)	(0.22)	(0.16)	(0.31)	(0.30)	(0.36)	(1.28)	(1.25)	(1.36)
Consumer	-0.006	-0.004	-0.014	0.085	0.087	0.093	0.389	0.372	0.387
	(-0.03)	(-0.02)	(-0.08)	(0.35)	(0.36)	(0.39)	(0.89)	(0.85)	(0.89)

续表

	(1)	(2)	(3)	(4)	(5)	(6)	(7)	(8)	(9)
	LnDonation1	LnDonation1	LnDonation1	Donation2	Donation2	Donation2	Donation3	Donation3	Donation3
LnGDP	-0.452***	-0.459***	-0.425***	-0.420**	-0.424**	-0.393**	-0.514	-0.494	-0.496
	(-3.02)	(-2.98)	(-2.75)	(-2.20)	(-2.22)	(-2.04)	(-1.48)	(-1.43)	(-1.45)
Mkt_Score	0.140**	0.145**	0.121*	0.137*	0.136*	0.133*	0.012	0.004	0.016
	(2.39)	(2.29)	(1.89)	(1.87)	(1.86)	(1.82)	(0.09)	(0.03)	(0.12)
Constant	2.283	2.569	1.206	6.849***	6.947***	6.298***	9.529**	9.641**	8.700**
	(1.16)	(1.11)	(0.50)	(3.08)	(3.10)	(2.79)	(2.41)	(2.40)	(2.17)
Adj_R^2	0.489	0.489	0.490	0.177	0.177	0.181	0.128	0.127	0.135
N	223	223	223	223	223	223	223	223	223
F	8.325	8.322	8.364	2.648	2.651	2.687	2.127	2.115	2.192

说明：主要的解释变量(Ln)AvgX_100、(Ln)AvgX_200 和(Ln)AvgX_300 分别表示地理距离为 100 千米、200 千米和 300 千米时，周围企业的平均捐赠情况(不包含该企业自身的捐赠情况)，X 分别取值为 0、1、2 和 3，当且仅当 X 取 1 时，主要的解释变量取对数 Ln，即为 LnAvg1_100、LnAvg1_200 和 LnAvg1_300。所列结果中的 F 检验均在 1%的统计水平上显著。* $p<0.1$，** $p<0.05$，*** $p<0.01$。

表 6-10　　稳健性检验之中位数

	(1)	(2)	(3)	(4)	(5)	(6)	(7)	(8)	(9)
	LnDonation1	LnDonation1	LnDonation1	Donation2	Donation2	Donation2	Donation3	Donation3	Donation3
(Ln)MedianX_100	0.151**			0.237***			0.256***		
	(2.03)			(6.60)			(6.49)		
(Ln)MedianX_200		0.247**			0.260***			0.268***	
		(2.36)			(4.28)			(4.85)	
(Ln)MedianX_300			0.087			0.081			0.120*
			(0.66)			(1.05)			(1.90)
Size	1.178***	1.175***	1.179***	-0.012	-0.012	-0.011	0.020	0.020	0.021
	(12.58)	(12.55)	(12.59)	(-1.42)	(-1.42)	(-1.37)	(1.14)	(1.15)	(1.21)
LnCash	0.148*	0.146*	0.145*	0.005	0.005	0.004	-0.011	-0.013	-0.014
	(1.90)	(1.87)	(1.86)	(0.78)	(0.69)	(0.57)	(-0.78)	(-0.86)	(-0.96)
ROA	12.735***	12.750***	12.750***	1.378***	1.384***	1.388***	1.254***	1.247***	1.252***
	(9.90)	(9.91)	(9.91)	(12.13)	(12.16)	(12.18)	(5.23)	(5.19)	(5.20)
Lev	0.831**	0.849**	0.839**	-0.021	-0.015	-0.016	-0.442***	-0.437***	-0.440***
	(2.30)	(2.35)	(2.32)	(-0.66)	(-0.47)	(-0.49)	(-6.57)	(-6.48)	(-6.52)

续表

	(1)	(2)	(3)	(4)	(5)	(6)	(7)	(8)	(9)
	LnDonation1	LnDonation1	LnDonation1	Donation2	Donation2	Donation2	Donation3	Donation3	Donation3
Growth	-0.052	-0.050	-0.049	-0.004	-0.004	-0.004	-0.012	-0.013	-0.013
	(-0.42)	(-0.41)	(-0.40)	(-0.34)	(-0.36)	(-0.35)	(-0.55)	(-0.55)	(-0.58)
Firm_Age	-0.009	-0.008	-0.010	0.000	0.000	-0.000	0.001	0.001	0.001
	(-0.72)	(-0.70)	(-0.82)	(0.25)	(0.09)	(-0.01)	(0.49)	(0.45)	(0.35)
SOE	-0.841***	-0.841***	-0.843***	-0.094***	-0.095***	-0.098***	-0.238***	-0.241***	-0.246***
	(-7.21)	(-7.21)	(-7.23)	(-9.06)	(-9.16)	(-9.43)	(-10.90)	(-11.03)	(-11.27)
Indep	-0.259	-0.254	-0.259	0.023	0.013	0.011	0.177	0.160	0.159
	(-0.27)	(-0.27)	(-0.27)	(0.27)	(0.15)	(0.13)	(1.00)	(0.90)	(0.89)
Dual	0.091	0.091	0.088	0.017	0.018	0.018	0.031	0.032	0.032
	(0.71)	(0.70)	(0.68)	(1.52)	(1.61)	(1.58)	(1.30)	(1.33)	(1.31)
Big	-0.937***	-0.945***	-0.948***	-0.087***	-0.088***	-0.093***	-0.140**	-0.140**	-0.149**
	(-2.71)	(-2.73)	(-2.74)	(-2.85)	(-2.88)	(-3.02)	(-2.16)	(-2.16)	(-2.30)
Consumer	0.482***	0.484***	0.474***	0.052***	0.052***	0.051***	0.090***	0.089***	0.088***
	(3.27)	(3.28)	(3.22)	(4.01)	(3.97)	(3.93)	(3.27)	(3.22)	(3.21)

续表

	(1)	(2)	(3)	(4)	(5)	(6)	(7)	(8)	(9)
	LnDonation1	LnDonation1	LnDonation1	Donation2	Donation2	Donation2	Donation3	Donation3	Donation3
LnGDP	-0. 386***	-0. 372***	-0. 392***	-0. 016*	-0. 015*	-0. 016*	-0. 056***	-0. 053***	-0. 057***
	(-3. 77)	(-3. 62)	(-3. 81)	(-1. 79)	(-1. 67)	(-1. 81)	(-2. 92)	(-2. 78)	(-2. 96)
Mkt_Score	0. 204***	0. 196***	0. 208***	0. 008**	0. 007**	0. 008**	0. 009	0. 008	0. 008
	(5. 60)	(5. 33)	(5. 66)	(2. 41)	(2. 30)	(2. 41)	(1. 27)	(1. 19)	(1. 14)
Constant	-16. 934***	-18. 014***	-16. 126***	0. 539***	0. 548***	0. 582***	1. 078***	1. 092***	1. 163***
	(-10. 22)	(-9. 69)	(-7. 75)	(4. 38)	(4. 43)	(4. 69)	(4. 14)	(4. 18)	(4. 43)
Adj_R^2	0. 163	0. 163	0. 163	0. 144	0. 141	0. 139	0. 114	0. 112	0. 109
N	8057	8057	8057	8057	8057	8057	8057	8057	8057

说明：主要的解释变量(Ln)MedianX_100、(Ln)MedianX_200 和(Ln)MedianX_300 分别表示地理距离为 100 千米、200 千米和 300 千米时，周围企业捐赠情况的中位数(不包含该企业自身的捐赠)，X 分别取值为 0、1、2 和 3，当且仅当 X 取 1 时，主要的解释变量取对数 Ln，即为 LnMedian1_100、LnMedian1_200 和 LnMedian1_300。* $p<0.1$，** $p<0.05$，*** $p<0.01$。

表 6-11　　稳健性检验之控制行业

	(1)	(2)	(3)	(4)	(5)	(6)	(7)	(8)	(9)	(10)	(11)	(12)
	Donation0	Donation0	Donation0	LnDonation1	LnDonation1	LnDonation1	Donation2	Donation2	Donation2	Donation3	Donation3	Donation3
(Ln) AvgX_100	1.510***			-0.104			0.210***			0.220***		
	(8.34)			(-1.47)			(7.07)			(7.15)		
(Ln) AvgX_200		1.676***			0.001			0.236***			0.284***	
		(6.80)			(0.01)			(5.70)			(7.21)	
(Ln) AvgX_300			1.674***			-0.157			0.070			0.139***
			(5.44)			(-1.37)			(1.30)			(2.75)
(Ln) AvgIndusX	4.866***	4.925***	4.927***	-0.206	-0.214	-0.204	1.233***	1.244***	1.241***	1.290***	1.301***	1.291***
	(3.59)	(3.63)	(3.63)	(-0.22)	(-0.23)	(-0.22)	(11.31)	(11.40)	(11.35)	(7.80)	(7.86)	(7.78)
Size	0.257***	0.253***	0.250***	1.181***	1.179***	1.181***	-0.011	-0.011	-0.011	0.019	0.019	0.021
	(6.60)	(5.51)	(6.44)	(12.61)	(12.58)	(12.61)	(-1.33)	(-1.39)	(-1.34)	(1.12)	(1.11)	(1.23)
LnCash	0.140***	0.142***	0.144***	0.147*	0.146*	0.149*	0.005	0.005	0.004	-0.011	-0.012	-0.014
	(4.45)	(4.50)	(4.58)	(1.89)	(1.88)	(1.92)	(0.77)	(0.71)	(0.56)	(-0.77)	(-0.80)	(-0.96)
ROA	5.457***	5.518***	5.534***	12.758***	12.760***	12.800***	1.378***	1.385***	1.387***	1.244***	1.246***	1.249***
	(9.96)	(10.08)	(10.12)	(9.92)	(9.92)	(9.95)	(12.14)	(12.19)	(12.18)	(5.19)	(5.19)	(5.19)

续表

	(1)	(2)	(3)	(4)	(5)	(6)	(7)	(8)	(9)	(10)	(11)	(12)
	Donation0	Donation0	Donation0	LnDonation1	LnDonation1	LnDonation1	Donation2	Donation2	Donation2	Donation3	Donation3	Donation3
Lev	0.915***	0.929***	0.950***	0.839**	0.843**	0.845**	-0.024	-0.016	-0.016	-0.440***	-0.432***	-0.441***
	(6.36)	(6.47)	(6.63)	(2.33)	(2.33)	(2.34)	(-0.74)	(-0.51)	(-0.51)	(-6.54)	(-6.42)	(-6.53)
Growth	0.060	0.058	0.059	-0.044	-0.048	-0.045	-0.004	-0.004	-0.004	-0.012	-0.013	-0.013
	(1.10)	(1.05)	(1.08)	(-0.36)	(-0.39)	(-0.37)	(-0.37)	(-0.40)	(-0.35)	(-0.54)	(-0.59)	(-0.58)
Firm_Age	-0.020***	-0.021***	-0.022***	-0.011	-0.010	-0.011	0.000	0.000	-0.000	0.001	0.001	0.001
	(-3.78)	(-4.01)	(-4.15)	(-0.93)	(-0.85)	(-0.93)	(0.23)	(0.11)	(-0.01)	(0.47)	(0.48)	(0.35)
SOE	-0.407***	-0.400***	-0.402***	-0.837***	-0.843***	-0.835***	-0.093***	-0.094***	-0.098***	-0.236***	-0.238***	-0.245***
	(-7.92)	(-7.80)	(-7.82)	(-7.17)	(-7.22)	(-7.16)	(-9.02)	(-9.14)	(-9.44)	(-10.84)	(-10.94)	(-11.22)
Indep	-0.405	-0.395	-0.422	-0.231	-0.259	-0.272	0.011	0.015	0.012	0.154	0.165	0.158
	(-0.95)	(-0.92)	(-0.99)	(-0.24)	(-0.27)	(-0.29)	(0.13)	(0.18)	(0.14)	(0.87)	(0.93)	(0.89)
Dual	0.036	0.046	0.046	0.083	0.085	0.083	0.018	0.018	0.018	0.032	0.030	0.031
	(0.63)	(0.82)	(0.82)	(0.64)	(0.66)	(0.64)	(1.57)	(1.56)	(1.57)	(1.32)	(1.25)	(1.28)
Big	-0.876***	-0.878***	-0.899***	-0.941***	-0.946***	-0.929***	-0.087***	-0.087***	-0.092***	-0.135**	-0.132**	-0.147**
	(-5.71)	(-5.73)	(-5.86)	(-2.72)	(-2.73)	(-2.68)	(-2.83)	(-2.84)	(-3.01)	(-2.09)	(-2.05)	(-2.28)

续表

	(1)	(2)	(3)	(4)	(5)	(6)	(7)	(8)	(9)	(10)	(11)	(12)
	Donation0	Donation0	Donation0	LnDonation1	LnDonation1	LnDonation1	Donation2	Donation2	Donation2	Donation3	Donation3	Donation3
Consumer	0.159**	0.160**	0.162**	0.465***	0.473***	0.470***	0.052***	0.052***	0.051***	0.089***	0.088***	0.088***
	(2.47)	(2.49)	(2.53)	(3.15)	(3.21)	(3.19)	(4.03)	(3.99)	(3.94)	(3.25)	(3.22)	(3.20)
LnGDP	-0.122***	-0.114***	-0.135***	-0.410***	-0.399***	-0.394***	-0.019**	-0.017*	-0.017*	-0.051***	-0.045**	-0.054***
	(-2.80)	(-2.59)	(-3.09)	(-4.01)	(-3.90)	(-3.86)	(-2.08)	(-1.86)	(-1.85)	(-2.69)	(-2.36)	(-2.79)
Mkt_Score	0.076***	0.075***	0.081***	0.222***	0.213***	0.215***	0.007**	0.007**	0.008**	0.005	0.005	0.007
	(4.79)	(4.75)	(5.17)	(6.04)	(5.84)	(5.94)	(2.16)	(2.20)	(2.34)	(0.78)	(0.79)	(1.00)
Constant	-11.008***	-11.156***	-10.990***	-11.033	-12.242	-10.471	0.233*	0.226*	0.269**	0.254	0.177	0.324
	(-9.69)	(-9.75)	(-9.58)	(-0.89)	(-0.98)	(-0.84)	(1.82)	(1.76)	(2.08)	(0.88)	(0.61)	(1.12)
Adj_R^2/Pseudo R^2	0.088	0.087	0.086	0.163	0.162	0.163	0.144	0.142	0.139	0.115	0.115	0.110
N	11854	11854	11854	8057	8057	8057	8057	8057	8057	8057	8057	8057

说明：主要的解释变量(Ln)AvgX_100、(Ln)AvgX_200和(Ln)AvgX_300分别表示地理距离为100千米、200千米和300千米时，周围企业的平均捐赠情况(不包含该企业自身的捐赠情况)，X分别取值为0、1、2和3，当且仅当X取1时，主要的解释变量取对数Ln，即为LnAvg1_100、LnAvg1_200和LnAvg1_300。(Ln)AvgIndusX表示同行业企业的平均捐赠情况，X分别取值为0、1、2和3，当且仅当X取1时，(Ln)AvgIndusX取对数Ln，即为LnAvgIndus1。其中，第(1)列、第(2)列和第(3)列为全样本，样本量为11854个，包含了当年未曾捐赠的企业样本；而其他列则仅为捐赠企业样本，样本量为8057个。Adj_R2/Pseudo R2在第(4)列到第(12)列为调整后的R2，第(1)列到第(3)列为logistic回归，所以表示为Pseudo R2。* p<0.1，** p<0.05，*** p<0.01。

第六节　结论与启示

从经济地理学入手，本章分析了由于地理距离的远近造成的公司之间联系的强弱并结合心理学中的“攀比行为”，探究了企业的慈善捐赠行为是否受到一定地理距离内其他企业的影响。通过对我国2005—2014年上市公司捐赠行为的分析，本章证明了我国上市公司捐赠行为的可能性受到了一定地理距离内其他公司是否捐赠的影响，同时企业捐赠额的多少，也受到了一定地理距离内其他上市公司捐赠额的影响，而这种影响随着距离变远呈现先增强后减弱的趋势。并且在民企中以及市场化进程高的地区，这种影响更为强烈。最后通过对汶川地震捐赠样本的分析，本章发现在特殊灾难面前，企业的捐赠行为受到周围企业的影响这种关系却不复存在。

本部分可能的贡献如下：第一，本章在主流文献发现的组织变量、企业家个体层面的变量对企业慈善捐赠行为的影响外，借鉴经济地理学的相关文献，引入地理距离的概念，发现并证实了企业捐赠行为在地理上的“互相看齐”效应，为企业的捐赠行为提供了一个更为基础性的解释，丰富了企业捐赠研究的相关文献；第二，以往地理经济学大都从国家或区域入手探究中宏观层面的经济行为，本章研究了微观层面的企业社会责任决策行为，这对地理经济学在微观领域应用是一个有益的补充；第三，本章在研究地理距离对企业捐赠行为的影响时结合了我国特殊的制度背景，从政府干预的视角，研究了产权性质、市场化进程对企业捐赠决策的影响，有利于我们进一步认识我国企业捐赠的实际状况。第四，本章对比分析了特殊灾难时期企业捐赠的行为决策，有助于我们厘清我国企业在自然灾害面前所做出的履行社会责任的行为。

第七章
研究结论与启示

前文系统梳理了经济地理学与公司财务行为的相关理论和经验证据，并就我国相关公司治理背景（主要从独立董事背景、国企高管薪酬政策和企业社会责任三部分入手）进行了相关的阐述。在此基础上，本书从公司在地理距离上的相互联系和相互影响入手，分析探讨了地理距离对外部独立董事薪酬决定的影响；接着分析了地理距离对公司高管在职消费的影响情况；最后研究了地理距离对我国公司慈善捐赠行为的影响。本章将对前文的研究和发现进行总结，提出本书的研究启示和相应的政策建议，并在最后指出本书可能存在的研究局限和未来的研究方向。

第一节　研究结论

本书从经济地理学视角，以直观的公司和公司之间的地理距离入手衡量公司间相互看齐的指标，探究地理因素对公司财务行为的影响。在选取了三个具有典型代表性的公司财务行为分别与地理距离进行研究后，又分别结合了不同的因素展开了丰富的实证检验。本书得到的主要研究结论如下：

第一，我国上市公司外部独立董事薪酬的决定存在一定地理范围内、同行业里或一定规模上，上市公司在外部独立董事薪酬决定上均存在显著的“互相看齐”效应，即出现向地理上的中间距离、同一或相关行业或中等规模公司看齐的现象。具体而言，本书发现在地理区域之间外部独立董事的薪酬存在“互相看齐”效应，即在一定地理范围内，我国上市公司外部独立董事薪酬正向显著地受到其他公司外部独立董事的薪酬高低的影响，并且随着地理距离的扩大，其他公司支付给独立董事的薪酬对自身独董薪酬的影响呈现出先增强后减弱的趋势；同行业之间的外部独立董事薪酬也存在“互相看齐”效应，即我国上市公司外部独立董事薪酬显著受到了同行业内其他公司外部独立董事薪酬的影响；同规模之间的外部独立董事薪酬也存在“互相看齐”效应，即我国上市公司外部独立董事薪酬显著受到了同规模组中其他公司外部独立董事薪酬的影响。此外，对“看齐头羊”效应的检验结果同时表明，我国上市公司在外部独立董事薪酬决定上也存在相互看齐，即“头羊”和“非头羊”会互相看齐，但“头羊”向“非头羊”看齐的现象大于“非头羊”向“头羊”看齐的现象，出现向中间看齐的现象。这既与我们在现实生活中外部独立董事薪酬所观察到的实际现象相吻合，也符合中国传统哲学在利益分配上的中庸思想。

第二，在区分产权性质的基础上检验公司高管在职消费是否存在地理距离上的“互相攀比”和“看齐头羊”，并结合中国特殊的制度背景，在分析证实我国2012年颁发的“八项规定”是否的确具有抑制国企在职消费的作用的基础上，检验该项政策是否也具有削弱国企高管在职消费在地理距离上“互相攀比”的效果。实证检验的结果表明，不论国企还是民企，其高管在职消费的金额均存在地理距离上向同类型企业的“互相攀比”，肯定了由地理邻近导致的公司高管联系紧密的猜测；与此同时，本书还发现，公司高管在职消费还存在向中间规模看齐的“中庸之道”而非通常的“看齐头羊”，肯定了我国传统文化的影响作用，为从地理角度理解影响企业在职消费因素增添了新的视角。此外，本书还发现，2012年颁布的“八项规定”不仅削弱了国企高管的在职消费，还抑制了国企高管在职消费在地理距离上的“互相攀比”。

第三，本书证明了我国上市公司慈善捐赠行为的可能性受到了一定地理距离内其他公司慈善捐赠氛围的影响，同时企业慈善捐赠额的多少，也受到了一定地理距离内其他上市公司慈善捐赠额的影响，而这种影响随着距离变远呈现先增强后减弱的趋势。此现象可能是由于公司慈善捐赠行为之间的"互相看齐"及中国传统文化所造成。并且在民企中，这种关系更为强烈；而随着市场化进程的深入，这种关系也得到了强化。而另一方面，通过对汶川地震捐赠样本的分析，本书发现在特殊灾难面前，公司慈善捐赠行为受到地理距离邻近公司慈善捐赠影响的这种关系却不复存在。

第二节　研究启示与政策建议

长期以来经济地理学都被视为一门边缘学科，未引起经济学家和管理学家的足够重视，学界对经济地理学与公司财务行为的结合研究更是进展缓慢。但正如Clark(2000)所言，经济地理学的文化要素是重要的，文化和制度变量正在成为经济地理学最突出的特征，并且纵然是相对立的信息和语意系统(或治理系统和市场结构)也并不可以在互相不渗透、交叉和竞争的状态下共同存在。地理学是一个涉及自然和社会两大领域的复杂的科学体系(张维邦，1985)，本书在引入直观度量地理环境的直线距离这一指标后，结合了文化影响因素考量地理距离造成的公司与公司之间的财务行为的相互影响关系，融合了社会学的"从众"视角，对我国上市企业的公司治理具有一定的启示意义。

首先，我国上市公司在外部独立董事薪酬的决定上存在相互看齐，即"头羊"和"非头羊"会互相看齐，但"头羊"向"非头羊"看齐的现象大于"非头羊"向"头羊"看齐的现象，出现向中间看齐的现象。这既与我们在外部独立董事薪酬散点图所观察到的实际现象相吻合，也符合中国传统哲学在利益分配上的中庸思想。在我国上市公司外部独立董事薪酬与公司绩效缺乏联系的情况下，如何建立我国外部独立董事的劳动力市场，完善外部独立董事激励和惩罚机制，充分调动外部独立董事的在公司治理中的积极性，提高外部独立董事的议事效率。这也正是本书的实证检验结果所具有的现实意义。同时值得指出的是，上述议题也是国外关于外部独立董事研究的最新动向①。

其次，我国上市公司高管在职消费存在向中等规模看齐的“中庸之道”而非普通的“看齐头羊”，这肯定了我国传统文化的影响作用，为从地理角度理解影响公司高管在职消费的因素增添了新的视角。此外，本书还发现2012年颁布的“八项规定”不仅削弱了国企高管的在职消费，还抑制了我国国企高管在职消费在地理距离上的“互相攀比”。本书的发现不仅从地理距离的角度拓宽了影响公司高管在职消费因素的研究视角，还肯定了我国传统文化的影响作用以及2012年颁布的“八项规定”等反腐政策的有效性，具有一定的理论和现实意义。

再次，我国上市公司的慈善捐赠行为受到一定地理距离范围内其他上市公司慈善捐赠的影响，这为公司的利益相关者理解公司慈善捐赠决策提供了新的视角，也为企业慈善捐赠的决策者正视这种行为阐明了机理。特殊事件(比如重大自然灾害)时期这种原本普遍存在的平衡关系被破坏，则更为利益相关者理解企业慈善捐赠的广告目的和信号传递机制提供了依据。向地理上的“看齐效应”拓展了企业捐赠行为的研究视野，为利益相关者和企业决策者都提供了理解公司慈善捐赠的新视角。

最后，在转型经济体中，正式法律制度不完善，法律外的公司治理机制更应该得到足够的重视。在研究三种公司财务行为都存在一定程度的地理上的“看齐效应”时，我国传统文化影响作用的发现则为文化影响公司治理提供了新的证据。不论是外部独立董事薪酬的决定抑或公司高管在职消费的大小，都没有向普通意义上的高声誉或大规模的“头羊”看齐，而是向中等规模公司看齐，这肯定了我国传统文化中“木秀于林”等思想的作用，

---

① 例如Ferris等、Fich等、Field等关于外部独立董事是否能够有充分的时间来履行对公司监督职能的研究；Ertimur等关于外部独立董事是否会因为其表现而得到奖励或受到惩罚的研究；Masulis等关于外部独立董事如何有效分配其时间，充分发挥其作用的研究。

符合中国传统哲学在利益分配上的中庸思想，为从文化角度深入理解公司治理行为提供了支持。此外，文中使用的地理距离这一方式，也为契约参照点理论提供了一种新的度量地域参照基准的方法。

第三节　本书的局限与未来的研究方向

本书主要研究地理距离在我国公司治理中的作用，由于地理距离的公司治理作用还是一个相对崭新的领域，已有研究基础相对薄弱，相关理论涉及领域较多，因而本书在研究过程中不可避免地遇到了许多难以克服的阻碍，而对这些阻碍的突破或可成为未来的研究方向。

第一，本书在试图从地理的角度理解经济微观层面的公司治理情况时，以地理距离粗略捕捉人地关系和人与人之间的关系，忽略了克服距离的难易程度。通过强调连接，爱德华·塔弗(Edward J. Taaffe)描述了功能区的思想是如何重视将地方之间的差异作为相互依赖的基础，通过定义联系的紧密度，而不是地理的邻近性和相似性来改变世界的。这个思想也使我们意识到距离的作用不是绝对的而是相对的——相对于克服距离的容易程度。本书在研究地理因素对公司治理的影响时，仅涉及了地理层面相对直接的地理距离，从地理学的角度来看本书对相互依赖的空间组织的涉入仍旧十分浅薄，未来或可找寻更精巧的方法进行改进。

第二，随着时间的推移，本书发现的公司财务行为受地理上其他公司影响的趋势是趋同还是趋异？结合网络的普及，大数据时代的到来，这种趋势受到了怎样的影响？随着信息通讯技术的爆炸式发展，在我们研究的样本期间内，是否可能存在某一个时间点上的突变，而导致地理因素的影响效果被削弱？或者不存在突变而是渐变时，仅对比样本期间的首尾两个子样本，探讨地理距离在其中影响的效果是否存在显著差异？这或可成为未来的研究方向。

第三，本书仅探讨了地理距离公司治理作用的第一步，对于本书发现的公司之间存在的这种地理距离上的相互影响对于企业的绩效或者创新等方面，究竟是利还是弊并未深入进行探讨。公司间存在的这种地理距离上的攀比或模仿现象，对于独立董事薪酬、高管在职消费或者慈善捐赠，是否会造成"荆轮效应"，从长期来看这种模仿或攀比的经济后果如何？这都是未来值得研究的话题。

附　　录

为了更直观地展现地理因素对公司治理情况的影响，在此，本书选取了注册地变更的两家上市公司——600757(原“＊ST 源发”，2011 年后正式变更为“长江传媒”)以及 000603(原“＊ST 威达”，2011 年后正式变更为“ST 盛达”，2012 年注册地发生了变更)作为案例公司，分别分析其注册地由上海市变更为武汉市(600757)、由重庆市变为武汉市(000603)后，公司治理情况的变化。

第一节　长江传媒注册地变更

一、长江传媒借壳上市事件回顾

2012 年 1 月 18 日湖北省人民政府新闻办公室举行新闻发布会称，湖北长江出版传媒集团成功借壳上市，成为湖北文化产业的第一股。

组建于 2004 年的湖北长江出版集团，2008 年整体转企改制为湖北长江出版传媒集团有限公司，是以图书、期刊、报纸、音像、电子出版物的出版、发行、印刷、贸易为主业，并逐步向影视、网络等媒体及其他文化服务、地产物业等领域拓展的大型文化产业集团，是湖北省最大的文化产业集团。图 F-1 列示了长江传媒借壳上市的关系情况。

长江传媒于 2010 年 11 月 1 日通过司法拍卖的途径，买受华源发展原第一大股东中国华源集团有限公司持有的华源发展 190127100 股有限售条件的流通股和原第八大股东上海华源投资发展(集团)有限公司持有的华源

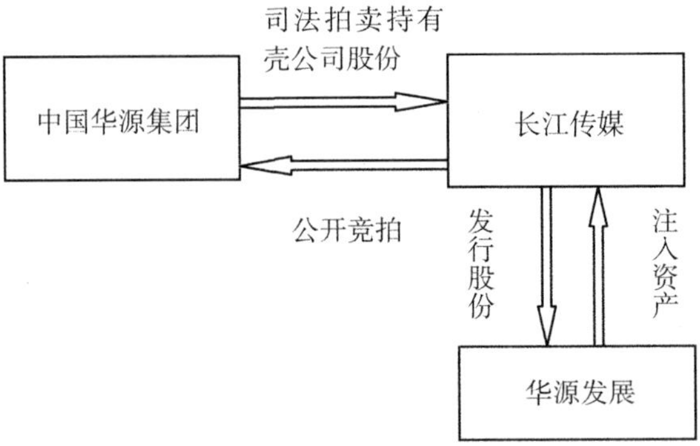

图 F-1　长江传媒借壳上市关系图

发展 3560100 股有限售条件的流通股，合计占华源发展总股份的 35.0773%。2011 年 12 月中国证监会正式核准其重组上市方案，集团所属 15 家出版主业子公司在湖北省工商局完成了股东变更资产注入手续，2012 年 1 月 18 日刚刚完成了华源发展总股份的 35.0773%的股权划转。目前，壳公司上海华源企业发展股份有限公司已从上海迁址武汉，待 2011 年年报公布后，股票名称“＊ST 源发”正式变更为“长江传媒”(600757)。

二、长江传媒注册地变更后对公司治理的影响

表 F-1 列示了股票代码为 600757 的公司在借壳上市事件前后的独立董事薪酬支付情况，以及其 2010 年的注册地上海及 2011 年的注册地武汉，这两个地区周围 100 千米其他公司外部独立董事薪酬的支付情况。通过表 F-1 可以发现，尽管该公司支付的外部独立董事薪酬普遍低于周围公司的平均值，但当其从薪酬支付水平较高的上海市变更到薪酬支付水平偏低的武汉市时，该公司支付的独立董事薪酬也的确从 36000 元降低到了 30000 元。所以表 F-1 可以一定程度上表明，中国外部独立董事的薪酬决定，的确受到了周围一定地理距离范围内其他公司的影响。

表 F-1　　长江传媒注册地变更与外部独立董事薪酬

年份	独董薪酬	上海 100 千米平均	上海 100 千米中位数	武汉 100 千米平均	武汉 100 千米中位数
2010	36000	59878.37	50000	51316.48	50000
2011	30000	63310.55	57825	54401.84	50000

说明：2010 年武汉 100 千米平均及中位数，与 2011 年上海 100 千米平均及中位数这四个数值并非真实发生的情况，原因在于 2010 年该公司并未搬入武汉，而 2011 年该公司已搬离上海，所以这四个数值是以当年该地区外部独立董事薪酬支付金额与其最接近的公司代替计算而来。

与表 F-1 类似，表 F-2 列示了股票代码为 600757 的公司在借壳上市事件前后的公司捐赠情况，以及其 2010 年的注册地上海及 2011 年的注册地武汉，这两个地区周围 100 千米其他公司慈善捐赠的情况。通过表 F-2 可以发现，尽管该公司的对外捐赠金额明显高于周围公司的平均值，但当其从捐赠水平较高的上海市变更到捐赠水平偏低的武汉市时，该公司的对外捐赠金额也的确从 923 万元降低到了 421 万元。所以表 F-2 可以一定程度上表明，中国公司慈善捐赠金额的决定，的确受到了周围一定地理距离范围内其他公司的影响。

表 F-2　　长江传媒注册地变更与公司慈善捐赠

年份	慈善捐赠	上海 100 千米平均	上海 100 千米中位数	武汉 100 千米平均	武汉 100 千米中位数
2010	9225683.62	1102649	244000	937822.75	500000
2011	4211758.24	782293.31	205000	2118507.50	339750

说明：2010 年武汉 100 千米平均及中位数，与 2011 年上海 100 千米平均及中位数这四个数值并非真实发生的情况，原因在于 2010 年该公司并未搬入武汉，而 2011 年该公司已搬离上海，所以这四个数值是以当年该地区公司慈善捐赠金额与其最接近的公司代替计算而来。

表 F-3 相对特殊一些，按前文计算而来的该公司在职消费金额与样本整体对比发生了较大的偏离，具体表现为异常偏高，处于样本的前 1%之内。因此表 F-3 的参考价值相对较小，但仍能直观看到在职消费情况随着地域的变化而发生了与周围趋同的情况。

表 F-3　　　　长江传媒注册地变更与公司高管在职消费

年份	不当在职消费 Abperks	上海 100 千米平均	上海 100 千米中位数	武汉 100 千米平均	武汉 100 千米中位数
2010	0.212845865	0.01108081	0.00625024	0.00321664	-0.00393721
2011	0.041099984	0.00651753	-0.00152453	0.00231289	-0.00928629

说明：2010 年武汉 100 千米平均及中位数，与 2011 年上海 100 千米平均及中位数这四个数值并非真实发生的情况，原因在于 2010 年该公司并未搬入武汉，而 2011 年该公司已搬离上海，所以这四个数值是以当年该地区不当在职消费 Abperks 与其最接近的公司代替计算而来。

第二节　盛达矿业注册地变更

一、盛达矿业股份有限公司简介

威达医械(证券代码 000603)于 1996 年在深圳证券交易所主板上市，在 2002 年就因其每股净资产低于股票面值，被深交所实行其他特别处理，股票简称由“威达医械”变为“ST 威达”。其后，在 2004 年和 2005 年两年期间内连续亏损，故被深交所实行退市风险警示。而在 2006 年，其财务报告被会计师事务所出具了“无法表示意见”，因此收到证监局的责令整改通知；而到了 2007 年，威达医械的年报推迟到 2008 年 8 月底才公布。威达医械在 2008 年和 2009 年又继续亏损，而据 2010 年的财报显示，其净利润仍为负值。

在 2008 年 4 月，已濒临退市的 * ST 威达就将注册地址由深圳市变更为重庆市，办公地也搬迁到渝中区中安大厦，由此开启了重组之路。2008 年 11 月，* ST 威达大股东江西生物制品研究所拟将其持有的 23.32%的股份，以每股 2 元转让给甘肃盛达集团，此次完成定向增发 36462.6167 万股，注入了内蒙古银都矿业公司 62.96%股权，主业由医疗器械业变为采矿业，并成功去 *。

2011 年 11 月 11 日，盛达矿业公司重大资产重组实施完成，公司名称由"威达医用科技股份有限公司"更名为"盛达矿业股份有限公司"，证券简称也由"ST 威达"变更为"ST 盛达"。ST 威达以其全部资产与北京盛达、红烨投资、王彦峰、王伟合计持有银都矿业 62.96%股权进行置换，公司借壳上市。

在 2012 年 2 月 16 日的临时股东大会上，审议通过了《关于变更公司注册地址的议案》，公司注册地由重庆市变更为北京市；同年 6 月 5 日，完成了公司注册地址变更登记手续。

二、盛达矿业注册地变更后对公司治理的影响

表 F-4 列示了股票代码为 000603 的公司在注册地变更前后的独立董事薪酬支付情况，以及其 2011 年的注册地重庆及 2011 年的注册地北京，这两个地区周围 100 千米其他公司外部独立董事薪酬的支付情况。通过表 F-4 可以发现，盛达矿业支付的外部独立董事薪酬低于周围公司的平均值，但当其从薪酬支付水平较低的重庆市变更到薪酬支付水平较高的北京市时，该公司支付的独立董事薪酬也的确从 20000 元增加到了 45750 元，增幅高达 128.75%。所以表 F-4 可以一定程度上表明，中国外部独立董事的薪酬决定，的确受到了周围一定地理距离范围内其他公司的影响。

与表 F-4 类似，表 F-5 列示了盛达矿业在注册地变更前后的公司捐赠情况，以及 2011 年重庆周围 100 千米和 2012 年北京周围 100 千米内其他公司慈善捐赠的情况。通过表 F-5 可以发现，不论注册地变更前后，盛达

矿业的对外捐赠水平均低于周围公司的平均值，但当其从捐赠水平较低的重庆市变更到捐赠水平较高的北京市时，该公司的对外捐赠金额从 55000 元陡增到了 160000 元，增幅高达 190.91%。所以表 F-5 可以一定程度上表明，中国公司慈善捐赠金额的决定，的确受到了周围一定地理距离范围内其他公司的影响。

表 F-4　　盛达矿业注册地变更与外部独立董事薪酬

年份	独立董事薪酬	重庆 100 千米平均值	重庆 100 千米中位数	北京 100 千米平均值	北京 100 千米中位数
2011	20000	54844.34	49666.66	73361.6	60000
2012	45750	56265.73	51666.66	74916.11	60166.66

表 F-5　　盛达矿业注册地变更与公司慈善捐赠

年份	慈善捐赠	重庆 100 千米平均值	重庆 100 千米中位数	北京 100 千米平均值	北京 100 千米中位数
2011	55000	1371075	100000	2255771	320000
2012	160000	1630702	269353.8	2058581	324000

盛达矿业高管的在职消费情况也随注册地变更发生了明显的变化。表 F-6 列示了盛达矿业在注册地变更前后的高管不当在职消费 Abperks，以及 2011 年重庆周围 100 千米和 2012 年北京周围 100 千米内其他公司高管不当在职消费的情况。通过表 F-6 不难发现，当由高管在职消费水平低的重庆市变更到在职消费水平高的北京市后，盛达矿业的不正当在职消费由 -0.00563上升到了 0.013328，增幅高达 336.73%。由此可见，高管的在职消费的确随着注册地的变更而发生了变化。

表 F-6 盛达矿业注册地变更与公司高管在职消费

年份	不当在职消费 Abperks	重庆 100 千米平均值	重庆 100 千米中位数	北京 100 千米平均值	北京 100 千米中位数
2011	-0.00563	0.003044	0.001632	0.058517	0.041031
2012	0.013328	-0.00488	-0.0011	0.004654	-0.00075

综合上述两个案例公司，长江传媒和盛达矿业，可以发现本书研究的公司治理中的三个方面——独立董事薪酬、高管在职消费以及公司慈善捐赠，均随着公司注册地的变更而发生了顺应当地公司氛围的变化，肯定了地理距离在这三个方面的影响作用。

主要参考文献

一、英文参考文献

[1]ADAMS R B, FERREIRA D. Do directors perform for pay? [J]. Journal of Accounting & Economics, 2008, 46(1): 154-171.

[2]ADITHIPYANGKUL P, ALON I, ZHANG T. Executive Perks: Compensation and Corporate Performance in China[J]. Asia Pacific Journal of Management, 2011, 28(2): 401-425.

[3]AGARWAL S, HAUSWALD R. Distance and Private Information in Lending[J]. The Review of Financial Studies, 2010, 23(7): 2757-2788.

[4] AGGARWAL R K, SAMWICK A A. Executive Compensation, Strategic Competition, and Relative Performance Evaluation: Theory and Evidence[J]. The Journal of Finance, 1999, 54(6).

[5]AUDRETSCH D B, CLARK G L. Corporate Form and Spatial Form[M]. Oxford University Press, 2000: 333-347.

[6]AYERS B C, RAMALINGEGOWDA S, YEUNG P E. Hometown Advantage: The Effects of Monitoring Institution Location on Financial Reporting Discretion[J]. Journal of Accounting and Economics, 2011, 52(1): 41-61.

[7]BAE K, STULZ R M, TAN H. Do Local Analysts Know More? A Cross-country Study of the Performance of Local Analysts and Foreign Analysts[J]. Journal of Financial Economics, 2008, 88(3): 581-606.

[8] BAICKER K. How Safe Is the Local Safety Net? Fiscal Distress, Public Spending, and the Budgetary Repercussions of Capital Convictions[J]. JCPR Working Papers, 2001.

[9] BANERJEE A V. A Simple Model of Herd Behavior[J]. The Quarterly Journal of Economics, 1992, 107(3): 797-817.

[10] BARKER D, LOUGHRAN T. The Geography of S&P 500 Stock Returns[J]. Journal of Behavioral Finance, 2007, 8(4): 177-190.

[11] BERGER A N, UDELL G F. Small Business Credit Availability and Relationship Lending: The Importance of Bank Organisational Structure[J]. The Economic Journal, 2002, 112(477): F32-F53.

[12] BERLE A A, MEANS G G C. The Modern Corporation and Private Property[M]. New York: Macmillan Company, 1932.

[13] BERTRAND M, MULLAINATHAN S. Are CEOs Rewarded for Luck? The Ones Without Principals Are[J]. The Quarterly Journal of Economics, 2001, 116(3): 901-932.

[14] BIKHCHANDANI S, HIRSHLEIFER D, WELCH I. A Theory of Fads, Fashion, Custom, and Cultural Change as Informational Cascades[J]. Journal of Political Economy, 1992, 100(5): 992-1026.

[15] BIZJAK J, LEMMON M, NGUYEN T. Are All CEOs Above Average? An Empirical Analysis of Compensation Peer Groups and Pay Design[J]. Journal of Financial Economics, 2011, 100(3): 538-555.

[16] BOSCHMA R. Proximity and Innovation: A Critical Assessment[J]. Regional Studies, 2005, 39(1): 61-74.

[17] BOUWMAN C H. The Geography of Executive Compensation[J]. Available at SSRN 2023870, 2012.

[18] BRAMMER S, MILLINGTON A. Corporate Reputation and Philanthropy: An Empirical Analysis[J]. Journal of Business Ethics, 2005, 61(1): 29-44.

[19] BRICK I E, PALMON O, WALD J K. CEO Compensation, Director Compensation, and Firm Performance: Evidence of Cronyism? [J]. Journal of Corporate Finance, 2006, 12(3): 403-423.

[20] BROWN W O, HELLAND E, SMITH J K. Corporate Philanthropic Practices[J]. Journal of Corporate Finance, 2006, 12(5): 855-877.

[21] BUTLER A. Distance Still Matters: Evidence from Municipal Bond Underwriting [J]. The Review of Financial Studies, 2008, 21 (2): 763-784.

[22] CAI H, FANG H, XU L C. Eat, Drink, Firms and Government: An Investigation of Corruption from Entertainment and Travel Costs of Chinese Firms[J]. The Journal of Law & Economics, 2011, 54(1): 55-78.

[23] CARD D, HALLOCK K F, MORETTI E. The Geography of Giving: The Effect of Corporate Headquarters on Local Charities[J]. Journal of Public Economics, 2010, 94(3-4): 222-234.

[24] CARROLL A B. A Three-Dimensional Conceptual Model of Corporate Performance [J]. Academy of Management Review, 1979, 4 (4): 497-505.

[25] CARROLL A B. The Four Faces of Corporate Citizenship[J]. Business and Society Review, 1998, 100(101): 1-7.

[26] CHEN D, LI O Z, LIANG S. Do Managers Perform for Perks? [J]. Available at SSRN 1562003, 2010.

[27] CHHAOCHHARIA V, KUMAR A, NIESSEN-RUENZI A. Local Investors and Corporate Governance [J]. Journal of Accounting and Economics, 2012, 54(1): 42-67.

[28] CHOI J, KIM J, QIU A A, et al. Geographic Proximity Between Auditor and Client: How Does It Impact Audit Quality? [J]. Auditing: A Journal of Practice & Theory, 2012, 31(2): 43-72.

[29] CLARKE D C. The Independent Director in Chinese Corporate

Governance[J]. Delaware Journal of Corporate Law, 2006, 31(1): 125-228.

[30]CONTE M N. Social Information, Solicitor Pressure, and Charitable Giving: Evidence from a Field Experiment[J]. Working Paper, 2014.

[31]CORDEIRO J, VELIYATH R, ERAMUS E. An Empirical Investigation of the Determinants of Outside Director Compensation [J]. Corporate Governance: An International Review, 2000, 8(3): 268-279.

[32]CORE J E, HOLTHAUSEN R W, LARCKER D F. Corporate Governance, Chief Executive Officer Compensation, and Firm Performance[J]. Journal of Financial Economics, 1999, 51(3): 371-406.

[33]COSTELLO A M. Mitigating Incentive Conflicts in Inter-Firm Relationships: Evidence from Long-Term Supply Contracts[J]. Journal of Accounting and Economics, 2013, 56(1): 19-39.

[34]COVAL J D, MOSKOWITZ T J. The Geography of Investment: Informed Trading and Asset Prices[J]. The Journal of Political Economy, 2001, 109(4): 811-841.

[35]DEFOND M, FRANCIS J R, HU X. The Geography of SEC Enforcement and Auditor Reporting for Financially Distressed Clients[J]. Available at SSRN 1132885, 2011.

[36]DEGRYSE H, ONGENA S. Distance, Lending Relationships, and Competition[J]. The Journal of Finance, 2005, 60(1): 231-266.

[37]DENIS D K, MCCONNELL J J. International Corporate Governance[J]. Journal of Financial and Quantitative Analysis, 2003, 38(01): 1-36.

[38]DOUGAL C, PARSONS C A, TITMAN S. Urban Vibrancy and Corporate Growth[J]. The Journal of Finance, 2015, 70(1): 163-210.

[39]DU, X. Does Confucianism Reduce Minority Shareholder Expropriation? Evidence from China[J]. Journal of Business Ethics, 2015, 132(4): 661-716.

[40] DU, X. Does Confucianism Reduce Board Gender Diversity? Firm-level Evidence from China[J]. Journal of Business Ethics, 2016, 136(2): 399-436.

[41] ERTIMUR Y, FERRI F, MABER D A. Reputation Penalties for Poor Monitoring of Executive Pay: Evidence from Option Backdating [J]. Journal of Financial Economics, 2012, 104(1): 118-144.

[42] ERTUGRUL M, HEGDE S. Board Compensation Practices and Agency Costs of Debt[J]. Journal of Corporate Finance, 2008, 14(5): 512-531.

[43] FAMA E F. Agency Problems and the Theory of the Firm[J]. Journal of Political Economy, 1980, 88(2): 288-307.

[44] FAMA E F, JENSEN M C. Separation of Ownership and Control[J]. The Journal of Law & Economics, 1983, 26(2): 301-325.

[45] FERRIS S P, JAGANNATHAN M, PRITCHARD A C. Too Busy to Mind the Business? Monitoring by Directors with Multiple Board Appointments[J]. The Journal of Finance, 2003, 58(3): 1087-1111.

[46] FICH E M, SHIVDASANI A. Are Busy Boards Effective Monitors? [J]. The Journal of Finance, 2006, 61(2): 689-724.

[47] FIELD L, LOWRY M, MKRTCHYAN A. Are Busy Boards Detrimental? [J]. Journal of Financial Economics, 2013, 109(1): 63-82.

[48] FOMBRUN C, SHANLEY M. What's in a Name? Reputation Building and Corporate Strategy[J]. The Academy of Management Journal, 1990, 33(2): 233-258.

[49] FRYDMAN C, JENTER D. CEO Compensation[J]. Annual Review of Financial Economics, 2010, 2(1): 75-102.

[50] GAVER J J, GAVER K M. Additional Evidence on the Association Between the Investment Opportunity Set and Corporate Financing, Dividend, and Compensation Policies [J]. Journal of Accounting and

Economics, 1993, 16(1): 125-160.

[51]GIBBONS R, MURPHY K J. Does Executive Compensation Affect Investment? [J]. Journal of Applied Corporate Finance, 1992, 5(2): 99-109.

[52]GIROUD X. Proximity and Investment: Evidence from Plant-Level Data [J]. The Quarterly Journal of Economics, 2013, 128(2): 861-915.

[53]GLAESER E L, SACERDOTE B, SCHEINKMAN J A. Crime and Social Interactions[J]. The Quarterly Journal of Economics, 1996, 111(2): 507-548.

[54] GODFREY P C. The Relationship Between Corporate Philanthropy and Shareholder Wealth: A Risk Management Perspective[J]. Academy of Management Review, 2005, 30(4): 777-798.

[55]GRAHAM J R. Herding Among Investment Newsletters: Theory and Evidence[J]. The Journal of Finance, 1999, 54(1): 237-268.

[56]GRINBLATT M, KELOHARJU M. How Distance, Language, and Culture Influence Stockholdings and Trades[J]. The Journal of Finance, 2001, 56(3): 1053-1073.

[57] GRINSTEIN Y, WEINBAUM D, YEHUDA N. Perks and Excess: Evidence from the New Executive Compensation Disclosure Rules[J]. Working Paper, 2008.

[58]HALL B J, LIEBMAN J B. Are CEOs Really Paid Like Bureaucrats? [J]. The Quarterly Journal of Economics, 1998, 113(3): 653-691.

[59]HASSON J A, TINBERGEN J. Shaping the World Economy: Suggestions for an International Economic Policy[J]. Economica, 1964, 31(123): 327-330.

[60] HAUSWALD R, MARQUEZ R. Competition and Strategic Information Acquisition in Credit Markets[J]. The Review of Financial Studies, 2006, 19(3): 967-1000.

[61] HERMALIN B E, WEISBACH M S. Endogenously Chosen Boards of Directors and Their Monitoring of the CEO[J]. The American Economic Review, 1998, 88(1): 96-118.

[62] HILARY G, HUI K W. Does Religion Matter in Corporate Decision Making in America? [J]. Journal of Financial Economics, 2009, 93(3): 455-473.

[63] HOLLANDER S, VERRIEST A. Bridging the Gap: The Tesign of Bank Loan Contracts and Distance[J]. Journal of Financial Economics, 2016, 119(2): 399-419.

[64] HONG H, KUBIK J D, SOLOMON A. Security Analysts' Career Concerns and Herding of Earnings Forecasts[J]. The Rand Journal of Economics, 2000, 31(1): 121-144.

[65] IVKOVIĆ Z, WEISBENNER S. Local Does as Local Is: Information Content of The Geography of Individual Investors' Common Stock Investments[J]. The Journal of Finance, 2005, 60(1): 267-306.

[66] JAFFE A B, TRAJTENBERG M, HENDERSON R. Geographic Localization of Knowledge Spillovers as Evidenced by Patent Citations[J]. The Quarterly Journal of Economics, 1993, 108(3): 577-598.

[67] JENSEN M C. Agency Costs of Free Cash Flow, Corporate Finance, and Takeovers[J]. The American Economic Review, 1986, 76(2): 323-329.

[68] JENSEN M C, MECKLING W H. Theory of the Firm: Managerial Behavior, Agency Costs and Ownership Structure[J]. Journal of Financial Economics, 1976, 3(4): 305-360.

[69] JENSEN M C, MURPHY K J. Performance Pay and Top-Management Incentives[J]. Journal of Political Economy, 1990, 92(2): 225-264.

[70] JENSEN M C, RUBACK R S. The Market For Corporate Control: The Scientific Evidence[J]. Journal of Financial Economics, 1983, 11(1): 5-50.

[71]JIN L. CEO Compensation, Diversification, and Incentives[J]. Journal of Financial Economics, 2002, 66(1): 29-63.

[72]JOHN K, KNYAZEVA A, KNYAZEVA D. Does Geography Matter? Firm Location and Corporate Payout Policy[J]. Journal of Financial Economics, 2011, 101(3): 533-551.

[73]KANG J, KIM J. The Geography of Block Acquisitions[J]. The Journal of Finance, 2008, 63(6): 2817-2858.

[74] KAPLAN S N, REISHUS D. Outside Directorships and Corporate Performance [J]. Journal of Financial Economics, 1990, 27 (2): 389-410.

[75] KARUNA C. Industry Product Market Competition and Managerial Incentives[J]. Journal of Accounting and Economics, 2007, 2(43): 275-297.

[76]KEDIA S, RAJGOPAL S. Do the SEC's Enforcement Preferences Affect Corporate Misconduct? [J]. Journal of Accounting and Economics, 2011, 51(3): 259-278.

[77]KEDIA S, RAJGOPAL S. Neighborhood Matters: The Impact of Location on Broad Based Stock Option Plans[J]. Journal of Financial Economics, 2009, 92(1): 109-127.

[78]KNYAZEVA A, KNYAZEVA D. Does being your bank's neighbor matter? [J]. Journal of Banking & Finance, 2012, 36(4): 1194-1209.

[79] KRUGMAN P. Increasing Returns and Economic Geography [J]. The Journal of Political Economy, 1991, 99(3): 483-499.

[80]La PORTA R, LOPEZ DE SILANES F, SHLEIFER A, et al. Law and Finance[J]. Journal of Political Economy, 1998, 106(6): 1113-1155.

[81]La PORTA R, LOPEZ-DE-SILANES F, SHLEIFER A, et al. Investor Protection and Corporate Governance[J]. Journal of Financial Economics, 2000, 58(1): 3-27.

[82] La PORTA R, LOPEZ-DE-SILANES F, SHLEIFER A, et al. Investor Protection and Corporate Valuation[J]. The Journal of Finance, 2002, 57(3): 1147-1170.

[83] LAMBERT R A, LARCKER D F, WEIGELT K. How Sensitive Is Executive Compensation to Organizational Size? [J]. Strategic Management Journal, 1991, 12(5): 395-402.

[84] LECLAIR M, GORDON K. Corporate Support for Artistic and Cultural Activities: What Determines the Distribution of Corporate Giving? [J]. Journal of Cultural Economics, 2000, 24(3): 225-241.

[85] LERNER J. Venture Capitalists and the Oversight of Private Firms[J]. The Journal of Finance, 1995, 50(1): 301-318.

[86] LIEBERMAN M B, ASABA S. Why Do Firms Imitate Each Other? [J]. The Academy of Management review, 2006, 31(2): 366-385.

[87] LINN S C, PARK D. Outside Director Compensation Policy and the Investment Opportunity Set[J]. Journal of Corporate Finance, 2005, 11(4): 680-715.

[88] LOUGHRAN T, SCHULTZ P. Liquidity: Urban Versus Rural Firms[J]. Journal of Financial Economics, 2005, 78(2): 341-374.

[89] LOW K C, ANG S. Confucian Leadership and Corporate Social Responsibility (CSR), the Way Forward [J]. Journal of Business Research, 2012, 2(1): 85-101.

[90] LUO W, ZHANG Y, ZHU N. Bank Ownership and Executive Perquisites: New Evidence from an Emerging Market[J]. Journal of Corporate Finance, 2011, 17(2): 352-370.

[91] MALLOY C J. The Geography of Equity Analysis[J]. The Journal of Finance, 2005, 60(2): 719-755.

[92] MASULIS R W, MOBBS S. Independent Director Incentives: Where Do Talented Directors Spend Their Limited Time and Energy? [J]. Journal of

Financial Economics, 2014, 111(2): 406-429.
[93]MCCALLUM J. National Borders Matter: Canada-US Regional Trade Patterns[J]. The American Economic Review, 1995, 85(3): 615-623.
[94]MESCON T S, TILSON D J. Corporate Philanthropy: A Strategic Approach to the Bottom-Line[J]. California Management Review, 1987, 29(2): 49-61.
[95]MORCK R, SHLEIFER A, VISHNY R W. Management Ownership and Market Valuation: An Empirical Analysis[J]. Journal of Financial Economics, 1988, 20(1-2): 293-315.
[96]MULLER A, WHITEMAN G. Exploring the Geography of Corporate Philanthropic Disaster Response: A Study of Fortune Global 500 Firms[J]. Journal of Business Ethics, 2009, 84(4): 589-603.
[97]MURPHY K J. Executive Compensation[J]. Handbook of Labor Economics, 1999(3): 2485-2563.
[98]MURPHY K J. Chapter 4-Executive Compensation: Where We Are, and How We Got There[J]. Social Science Electronic Publishing, 2013, 2(6): 211-356.
[99]MURPHY K M, SHLEIFER A, VISHNY R W. Why Is Rent-Seeking So Costly to Growth? [J]. The American Economic Review, 1993, 83(2): 409-414.
[100]MYERS D G. Social psychology[M]. Boston: McGraw-Hill, 2005.
[101]NAVARRO P. Why Do Corporations Give to Charity? [J]. The Journal of Business, 1988, 61(1): 65-93.
[102]NICKELL S J. Competition and Corporate Performance[J]. The Journal of Political Economy, 1996, 104(4): 724-746.
[103]PETERSEN M A, RAJAN R G. Does Distance Still Matter? The Information Revolution in Small Business Lending[J]. The Journal of Finance, 2002, 57(6): 2533-2570.

[104] PETERSEN M, RAJAN R. The Benefits of Lending Relationships: Evidence from Small Business Data[J]. The Journal of Finance, 1994, 49(1): 3-37.

[105] PORAC J F, WADE J B, POLLOCK T G. Industry Categories and the Politics of the Comparable Firm in CEO Compensation[J]. Administrative Science Quarterly, 1999, 44(1): 112-144.

[106] PORTER M E, KRAMER M R. The Competitive Advantage of Corporate Philanthropy[J]. Harvard Business Review, 2002, 80(12): 56-68.

[107] PÖYHÖNEN P. A Tentative Model for the Volume of Trade Between Countries[J]. Weltwirtschaftliches Archiv, 1963, 90: 93-100.

[108] RAJAN R G, WULF J. Are Perks Purely Managerial Excess? [J]. Journal of Financial Economics, 2006, 79(1): 1-33.

[109] ROSS J, SHARAPOV D. When the Leader Follows: Avoiding Dethronement Through Imitation[J]. Academy of Management Journal, 2015, 58(3): 658-679.

[110] ROSS S A. The Economic Theory of Agency: The Principal's Problem[J]. The American Economic Review, 1973, 63(2): 134-139.

[111] RUEFLI T W, WIGGINS R R. Industry, Corporate, and Segment Effects and Business Performance: A Non-Parametric Approach[J]. Strategic Management Journal, 2003, 24(9): 861-879.

[112] RYAN JR H E, WIGGINS III R A. Who Is in Whose Pocket? Director Compensation, Board Independence, and Barriers to Effective Monitoring [J]. Journal of Financial Economics, 2004, 73(3): 497-524.

[113] SCHARFSTEIN D S, STEIN J C. Herd Behavior and Investment[J]. The American Economic Review, 1990, 80(3): 465-479.

[114] SCHOENBERGER E. The Management of Time and Space[J]. The Oxford Handbook of Economic Geography, 2000: 317-332.

[115] SCHWARTZ R A. Corporate Philanthropic Contributions[J]. The Journal

of Finance, 1968, 23(3): 479-497.

[116]SHERIF M. A Study of Some Social Factors in Perception. [J]. Archives of Psychology (Columbia University), 1935, 187(60).

[117] SHERIF M. An Experimental Approach to the Study of Attitudes[J]. Sociometry, 1937, 1(1/2): 90-98.

[118] SHLEIFER A, VISHNY R W. A Survey of Corporate Governance[J]. The Journal of Finance, 1997, 52(2): 737-783.

[119]SHLEIFER A, VISHNY R W. Large Shareholders and Corporate Control[J]. The Journal of Political Economy, 1986, 94(3): 461-488.

[120] SMITH C. The New Corporate Philanthropy [J]. Harvard Business Review, 1994, 72: 105-116.

[121]STIGLER G J, FRIEDLAND C. The Literature of Economics: The Case of Berle and Means[J]. The Journal of law & economics, 1983, 26(2): 237-268.

[122]STRAHILEVITZ M. The Effects of Product Type and Donation Magnitude on Willingness to Pay More for a Charity-Linked Brand[J]. Journal of Consumer Psychology, 1999, 8(3): 215-241.

[123] SUFI A. Information Asymmetry and Financing Arrangements: Evidence from Syndicated Loans[J]. The Journal of Finance, 2007, 62(2): 629-668.

[124] SUN S L, ZHAO X, YANG H. Executive Compensation in Asia: A Critical Review and Outlook[J]. Asia Pacific Journal of Management, 2010, 27(4): 775-802.

[125] TEO M. The Geography of Hedge Funds[J]. The Review of Financial Studies, 2009, 22(9): 3531-3561.

[126]THOMAS R S. International Executive Pay: Current Practices and Future Trends[J]. Available at SSRN 1265122, 2009.

[127]TIAN X. The Causes and Consequences of Venture Capital Stage

Financing[J]. Journal of Financial Economics, 2011, 10(1): 132-159.

[128]TORRE A, RALLET A. Proximity and Localization [J]. Regional Studies, 2005, 39(1): 47-59.

[129] TURBAN D B, GREENING D W. Corporate Social Performance and Organizational Attractiveness to Prospective Employees[J]. The Academy of Management Journal, 1997, 40(3): 658-672.

[130]UYSAL V B, KEDIA S, PANCHAPAGESAN V. Geography and Acquirer Returns [J]. Journal of Financial Intermediation, 2008, 17 (2): 256-275.

[131] WADDOCK S A, GRAVES S B. The Corporate Social Performance-Financial Performance Link[J]. Strategic Management Journal, 1997, 18(4): 303-319.

[132] WEISBACH M S. Outside Directors and CEO Turnover[J]. Journal of Financial Economics, 1988, 20: 431-460.

[133] WELCH I. Sequential Sales, Learning, and Cascades[J]. The Journal of Finance, 1992, 47(2): 695-732.

[134] WILLIAMS R J, BARRETT J D. Corporate Philanthropy, Criminal Activity, and Firm Reputation: Is There a Link? [J]. Journal of Business Ethics, 2000, 26(4): 341-350.

[135]YE K. Independent Director Cash Compensation and Earnings Management[J]. Journal of Accounting and Public Policy, 2014, 33 (4): 391-400.

[136]YERMACK D. Higher Market Valuation of Companies with a Small Board of Directors [J]. Journal of Financial Economics, 1996, 40 (2): 185-211.

[137] YERMACK D. Flights of Fancy: Corporate Jets, CEO Perquisites, and Inferior Shareholder Returns[J]. Journal of Financial Economics, 2006, 80(1): 211-242.

[138] YERMACK D. Remuneration, Retention, and Reputation Incentives for Outside Directors [J]. The Journal of Finance, 2004, 59 (5): 2281-2308.

[139] ZHANG R, REZAEE Z, ZHU J. Corporate Philanthropic Disaster Response and Ownership Type: Evidence from Chinese Firms' Response to the Sichuan Earthquake [J]. Journal of Business Ethics, 2010, 91 (1): 51-63.

[140] ZHOU X. CEO Pay, Firm Size, and Corporate Performance: Evidence from Canada [J]. Canadian Journal of Economics, 2000, 33 (1): 213-251.

[141] ZWIEBEL J. Corporate Conservatism and Relative Compensation [J]. Journal of Political Economy, 1995, 103(1): 1-25.

二、中文参考文献

[1]白雪莲，张俊瑞，刘彬．地理距离能够影响基金持股的治理效应吗？——基于上市公司股利政策的研究[J]．中央财经大学学报，2015(08)：54-63.

[2]蔡庆丰，江逸舟．公司地理位置影响其现金股利政策吗？[J]．财经研究，2013(07)：38-48.

[3]陈冬华，陈信元，万华林．国有企业中的薪酬管制与在职消费[J]．经济研究，2005(02)：92-101.

[4]陈冬华，梁上坤，蒋德权．不同市场化进程下高管激励契约的成本与选择：货币薪酬与在职消费[J]．会计研究，2010(11)：56-64.

[5]陈艳．独立董事声誉与独立董事劳动力市场有效性[J]．经济学家，2009(04)：5-15.

[6]崔秀梅，何世文，王慧文．企业赈灾捐赠的战略性分析——基于"玉树地震"事件的实证分析[J]．财政研究，2015(6)：90-94.

[7]代昀昊，孔东民．在忽视中重获关注：分析师关注与企业捐赠[J]．金

融学季刊，2014(2)：1-35.
[8]戴亦一，潘越，冯舒．中国企业的慈善捐赠是一种“政治献金”吗？——来自市委书记更替的证据[J]. 经济研究，2014(02)：74-86.
[9]杜胜利，张杰．独立董事薪酬影响因素的实证研究[J]. 会计研究，2004(09)：82-88.
[10]樊纲，王小鲁，张立文，等．中国各地区市场化相对进程报告[J]. 经济研究，2003(03)：9-18.
[11]方军雄．高管权力与企业薪酬变动的非对称性[J]. 经济研究，2011(04)：107-120.
[12]冯根福，赵珏航．管理者薪酬、在职消费与公司绩效——基于合作博弈的分析视角[J]. 中国工业经济，2012(6)：147-158.
[13]傅勇，张晏．中国式分权与财政支出结构偏向：为增长而竞争的代价[J]. 管理世界，2007(3)：4-12.
[14]高勇强，陈亚静，张云均．“红领巾”还是“绿领巾”：民营企业慈善捐赠动机研究[J]. 管理世界，2012(08)：106-114.
[15]古志辉．全球化情境中的儒家伦理与代理成本[J]. 管理世界，2015(3)：113-123.
[16]郭剑花．中国企业的捐赠：自愿抑或摊派？——基于中国上市公司的经验证据[J]. 财经研究，2012(08)：49-59.
[17]汉森，苏珊．改变世界的十大地理思想[M]. 肖平，王方雄，李平，译．北京：商务印书馆，2009.
[18]黄福广，彭涛，邵艳．地理距离如何影响风险资本对新企业的投资[J]. 南开管理评论，2014，17(6)：83-95.
[19]姜付秀，黄继承．经理激励、负债与企业价值[J]. 经济研究，2011(05)：46-60.
[20]克拉克 G. L.，费尔德曼 M. P.，格特勒 M. S. 牛津经济地理学手册[M]. 刘卫东，王缉慈，李小建，等，译．北京：商务印书馆，2005.

[21]勒施·奥古斯特. 经济空间秩序[M]. 王守礼，译. 北京：商务印书馆，1995.

[22]黎文靖，池勤伟. 高管职务消费对企业业绩影响机理研究——基于产权性质的视角[J]. 中国工业经济，2015(04)：122-134.

[23]李宝宝，黄寿昌. 国有企业管理层在职消费的决定因素及经济后果[J]. 统计研究，2012(6)：76-81.

[24]李彬. 母子公司距离、公司治理与投资行为[J]. 山西财经大学学报，2015(04)：67-77.

[25]李洪. 我国上市公司独立董事薪酬的影响因素及最佳报酬[J]. 重庆师范大学学报(哲学社会科学版)，2008(05)：85-90.

[26]李惠眉. 董事会的劳动力市场[M]. 北京：中国人民大学出版社，2000.

[27]李琳，韩宝龙. 组织合作中的多维邻近性：西方文献评述与思考[J]. 社会科学家，2009(7)：108-112.

[28]李四海，陈旋，宋献中. 穷人的慷慨：一个战略性动机的研究[J]. 管理世界，2016(5)：116-127.

[29]李四海，陆琪睿，宋献中. 亏损企业慷慨捐赠的背后[J]. 中国工业经济，2012(8)：148-160.

[30]李维安，刘绪光，陈靖涵. 经理才能、公司治理与契约参照点——中国上市公司高管薪酬决定因素的理论与实证分析[J]. 南开管理评论，2010(2)：4-15.

[31]李艳丽，孙剑非，伊志宏. 公司异质性、在职消费与机构投资者治理[J]. 财经研究，2012(06)：27-37.

[32]刘江会，朱敏. 地理因素会影响中国企业 IPO 的成本吗？——基于“软信息不对称”的视角[J]. 经济管理，2015(10)：31-41.

[33]刘文军. 审计师的地理位置与审计定价策略[J]. 财经研究，2014(09)：121-132.

[34]刘文军. 审计师的地理位置是否影响审计质量？[J]. 审计研究，2014

(1)：79-87.

[35]刘小玄．现代企业的激励机制：剩余支配权[J]．经济研究，1996(05)：3-11.

[36]卢洪友，龚锋．政府竞争、“攀比效应”与预算支出受益外溢[J]．管理世界，2007(8)：12-22.

[37]卢锐，魏明海，黎文靖．管理层权力、在职消费与产权效率——来自中国上市公司的证据[J]．南开管理评论，2008(05)：85-92.

[38]卢现祥，李晓敏．企业捐赠、社会责任与经济动机——基于“5·12地震”后世界500强公司捐赠情况的实证研究[J]．经济纵横，2010(1)：69-74.

[39]罗党论，徐璇，封煜．独立董事报酬形成机制研究——以中国上市公司为例[J]．管理科学，2007(02)：46-53.

[40]罗宏，黄文华．国企分红、在职消费与公司业绩[J]．管理世界，2008(9)：139-148.

[41]罗进辉．独立董事的明星效应：基于高管薪酬—业绩敏感性的考察[J]．南开管理评论，2014(03)：62-73.

[42]马晨，程茂勇，张俊瑞，等．地理邻近对上市公司会计错报的影响——基于媒介环境调节效应的分析[J]．投资研究，2015(09)：46-60.

[43]梅洁．国有控股公司管理层报酬的政策干预效果评估——基于“限薪令”和“八项规定”政策干预的拟自然实验[J]．证券市场导报，2015(12)：36-44.

[44]梅洁，葛扬．国有企业管理层在职消费的政策干预效果研究——基于2012年“八项规定”出台所构建的拟自然实验[J]．经济学家，2016(2)：75-83.

[45]裴红梅，杜兴强．审计师-公司地理近邻性、监管强度与审计质量[J]．当代会计评论，2015(02)：1-23.

[46]彭涛，黄福广，熊凌云．地理邻近对风险资本参与公司治理的影

响[J]. 管理科学，2015(04)：46-58.

[47]钱雪松，金吉芳，杜立. 地理临近、信息不对称和企业内部资本市场的贷款价格——来自中国企业集团内部借贷交易的证据[J]. 中国经济学学术资源网(CESG)，2016.

[48]权小锋，吴世农，文芳. 管理层权力、私有收益与薪酬操纵[J]. 经济研究，2010(11)：73-87.

[49]山立威，甘犁，郑涛. 公司捐款与经济动机——汶川地震后中国上市公司捐款的实证研究[J]. 经济研究，2008(11)：51-61.

[50]沈艺峰. 伯利—米恩斯命题：七十年重温(上)[J]. 中国经济问题，2005(6)：38-47.

[51]沈艺峰. 伯利—米恩斯命题：七十年重温(下)[J]. 中国经济问题，2006，39-48(1).

[52]沈艺峰，陈旋. 无绩效考核下外部独立董事薪酬的决定[J]. 南开管理评论，2016，19(2)：4-18.

[53]宋玉，沈吉，范敏虹. 上市公司的地理特征影响机构投资者的持股决策吗？——来自中国证券市场的经验证据[J]. 会计研究，2012(07)：72-79.

[54]孙世敏，柳绿，陈怡秀. 在职消费经济效应形成机理及公司治理对其影响[J]. 中国工业经济，2016(01)：37-51.

[55]孙泽蕤，朱晓妹. 上市公司独立董事薪酬制度的理论研究及现状分析[J]. 南开管理评论，2005(01)：21-29.

[56]谭劲松. 独立董事激励和约束机制研究[J]. 中山大学学报：社会科学版，2003，43(4)：83-89.

[57]唐清泉，罗党论. 设立独立董事的效果分析——来自中国上市公司独立董事的问卷调查[J]. 中国工业经济，2006(1)：120-127.

[58]唐跃军，左晶晶，李汇东. 制度环境变迁对公司慈善行为的影响机制研究[J]. 经济研究，2014(2)：61-73.

[59]万华林. 国外在职消费研究述评[J]. 外国经济与管理，2007，29

(9)：39-41.

[60]万华林，陈信元．股东监督、薪酬契约有效性与在职消费——基于国有企业经理人“59 岁现象”的研究[J]．中国会计与财务研究，2012，14(4)：111-174.

[61]王曾，符国群，黄丹阳，等．国有企业 CEO“政治晋升”与“在职消费”关系研究[J]．管理世界，2014(5)：157-171.

[62]王菊仙，王玉涛，鲁桂华．地理距离影响证券分析师预测行为吗？[J]．中央财经大学学报，2016(01)：61-72.

[63]王玉涛，陈晓，侯宇．国内证券分析师的信息优势：地理邻近性还是会计准则差异[J]．会计研究，2010(12)：34-40.

[64]韦伯 阿尔弗雷德．工业区位论[M]．李刚剑，译．北京：商务印书馆，1997.

[65]夏冬林，朱松．独立董事报酬的决定因素与公司治理特征[J]．南开管理评论，2005(04)：45-51.

[66]徐细雄，谭瑾．高管薪酬契约、参照点效应及其治理效果：基于行为经济学的理论解释与经验证据[J]．南开管理评论，2014(4)：36-45.

[67]杨青，高铭，BESIM BURCIN YURTOGLU. 董事薪酬、CEO 薪酬与公司业绩——合谋还是共同激励？[J]．金融研究，2009(06)：111-127.

[68]杨蓉．“八项规定”、高管控制权和在职消费[J]．华东师范大学学报(哲学社会科学版)，2016(01)：138-148.

[69]约万诺维奇．演化经济地理学：生产区位与欧盟[M]．安虎森，何文，朱妍，等，译．北京：经济科学出版社，2012.

[70]张俊瑞，白雪莲，程茂勇．基金持股、地理距离与上市公司信息披露质量关系的实证[J]．统计与决策，2015(21)：158-162.

[71]张铁铸，沙曼．管理层能力、权力与在职消费研究[J]．南开管理评论，2014(05)：63-72.

[72]张维邦．经济地理学导论[M]．太原：山西人民出版社，1985.

[73]张维迎．产权，激励与公司治理[M]．北京：经济科学出版社，2005.

[74]郑裕正．儒家思想在企业经营管理中之运用[J]．管理世界，2013(3)：184-185.

[75]钟宏武．企业捐赠作用的综合解析[J]．中国工业经济，2007(02)：75-83.

[76]朱滔．董事薪酬，CEO 薪酬与公司未来业绩：监督还是合谋？[J]．会计研究，2015(8)：49-57.

后　　记

本书决定出版的时间正值新冠疫情肆虐的2020年初，通过学校的资助评选以后，国内的疫情防控逐渐平稳，而国际疫情和国际形势却不容乐观。在目睹医护人员奋战于抗疫一线的时候，作为一名从事管理学和经济学研究的学者，我总是忍不住思考一个问题，我所研究的公司治理问题和我所主持的企业社会责任课题之于我们现在的社会究竟能做到什么程度？

可以预见，我们的卫生习惯、社交习惯以及学习习惯等在经历了本次疫情的冲击之后，至少在一段时间内会变得与疫情之前的习惯显著不同。在我们更加注重个人卫生及健康的同时，我们的社交活动会有一部分从线下转移到线上，也正是因为这种突然的面对面交流的中断或者减少，反而使我们更加珍视与人面对面交流带来的社会关系纽带的建立与维系。这种基于面对面社交建立的隐形社会资本，正是本书试图从公司间地理距离视角探索的几个公司治理问题的根本所在。公司与公司之间直线地理距离的远近，是一种度量公司之间高管、董事、股东甚至雇员的社会互动的可能方式。本书基于公司治理的话题，选择了外部独立董事薪酬、高管在职消费和公司慈善捐赠三种行为，以大样本数据为基础探讨公司与公司之间地理距离的远近，如何影响身处商业社会网络中公司的这三种具体决策行为。

在后疫情时代，在面对“百年未有之大变局”时，纵然我们不能为疫苗研究、芯片研发有直接的贡献，但我们可以思考如何帮助受疫情影响的不同地区中小企业恢复正常的生产秩序、如何帮助出口企业提升治理能力以应对未来潜在的政治风险、如何鼓励更多有能力的企业通过参与企业社会责任活动向局部或者整个社会产生更多的正外部溢出、如何在产业升级的道路上通过合理的公司制度设计最大程度激发公司的自主研发能力……虽然本书目前还未能做到这几点，但有关于此的思考和研究，作为科研工作者的我们不应该也不会停止。

本书的出版需要感谢国家自然科学基金委青年项目：企业履行社会责任行为的同群效应：基于地理距离的视角(项目批准号：71702193)；感谢中央高校基本科研业务费创新团队项目：机构实地调研与资本市场信息效率研究；感谢中南财经政法大学出版基金对本书出版的资助。

在此，我想借着本书的出版机会，感谢所有在我求学和工作生涯中帮助过我的恩师和朋友。特别要感谢我的导师沈艺峰教授和张敦力教授，他们渊博的学识、儒雅严谨的治学态度是我一生难以企及的目标；感谢亦师亦友的同门李四海教授、肖珉教授、游家兴教授、李培功教授、杨晶教授、薛胜昔博士、王夫乐博士，是你们帮我在困惑和踌躇时解惑并重拾信心；感谢我的同学陈泽艺教授、陈伟博士、张岩博士、陈维博士、林燕博士、杨新宝博士、李毓鑫博士、刘星河博士，同窗数载与诸位共同进步实乃幸事。其他没有提及姓名的老师和朋友，我也感谢你们曾经对我的指导和帮助。此外，还要感谢本书的编辑老师。

最后，我想感谢我的家人，本书的顺利出版离不开他们的支持和无私的帮助。

作　者

2020年9月